사회통합프로그램(KIIP)

한국사회 이해

심화 교사용 지도서

기획 법무부 출입국·외국인정책본부

박영story

발간사

우리나라는 6·25전쟁 이후 한동안 전쟁과 높은 실업률, 지정학적 리스크 등으로 인해 다른 나라로 이주를 가던 나라였으나, 1970년대부터 '한강의 기적'으로 불릴 만큼 단기간에 비약적인 경제성장을 이루게 되면서 어느덧 세계 10대 경제대국의 반열에 이르게 되었고, 이제는 많은 사람들이 이민을 오는 나라가 되어, 현재 국내 체류외국인이 250만 명을 넘어서고 있습니다.

더욱이 저출산·고령사회로 급속하게 진입하면서 지난해 우리나라의 합계출산율은 0.72명에 그쳐 역대 최저치를 기록하는 등 저출산과 고령화로 인한 인구문제, 생산동력 상실, 국가소멸의 위기 상황에 직면하게 되면서 이민정책의 획기적인 전환이 필요한 시점이 되었습니다.

그간 법무부는 이민정책을 총괄하는 부처로서 우리나라에 정착한 외국인이 우리 사회의 구성원으로서 적응·자립할 수 있도록 지원하고, 국민과 서로 상생하며 공존할 수 있도록 하는 것이 무엇보다 중요하다고 생각하여 '체계적인 이민통합 정책'을 추진해 왔습니다.

특히, 2009년부터 시작된 '사회통합프로그램'은 한국어, 한국문화, 한국사회 이해 교육을 통해 이민자가 갖추어야 할 필수적인 기본소양을 체계적으로 함양할 수 있도록 함으로써 사회통합 교육의 가장 핵심적인 역할을 수행해 왔습니다.

시행 첫해인 2009년에 1,331명이 '사회통합프로그램'에 참여하였으며, 코로나로 인해 잠시 주춤했던 시기를 제외하면 매년 증가하다가 엔데믹을 선언한 지난해에는 58,028명이 참여하여 역대 최다 인원을 기록하기도 하였습니다. 이러한 추세에 비추어 볼 때 외국인 근로자, 유학생, 재외동포 등 참여대상이 확대되고 있는 점을 감안한다면 교육 수요는 계속 증가할 것으로 예상됩니다.

이러한 시기에 새롭게 발간되는 사회통합프로그램 교재와 교사용 지도서는 더욱 중요한 의미가 있으며, 이민자들이 이러한 교재들을 널리 활용하여 한국사회에 대한 이해를 높이고, 더욱더 우리나라에 잘 적응할 수 있는 마중물이 되었으면 하는 바람입니다.

끝으로 교재 발간에 도움을 주신 경인교육대학교 설규주 교수님을 비롯한 산학협력단 연구진과 출판에 도움을 주신 피와이메이트 노현 대표님 등 관계자 분들께 감사드리며, 앞으로도 법무부는 이민자의 안정적인 정착 지원과 사회통합을 위해 노력하겠습니다.

법무부 출입국·외국인정책본부장

이 재 유

일러두기

'사회통합프로그램[KIIP]을 위한 한국사회 이해 교사용 지도서'는 사회통합프로그램 강사에게 한국사회 이해 강좌의 기본적인 학습 내용과 효과적인 교수·학습 방법 및 도움 자료를 제공하는 데 목적을 두고 있다.

교사용 지도서는 '사회통합프로그램[KIIP]을 위한 한국사회 이해(기본)' 50개 단원과 '사회통합프로그램[KIIP]을 위한 한국사회 이해(심화)' 20개 단원에 맞춰 단원의 개관, 지도안, 학습 내용 정리, 교재의 이야기 나누기 예시 답안, 본문 용어 해설, 활동지, 도움 자료, 심화 자료로 구성되어 있다.

단원의 개관과 지도안에서는 강사가 전반적인 학습 흐름을 한눈에 확인할 수 있도록 하였고, 학습 내용 정리와 이야기 나누기 예시 답안, 본문 용어 해설에서는 교재에서 다룬 주요 내용과 활동을 정리하는 데 도움이 되도록 하였다. 활동지와 도움 자료는 학습자가 흥미를 갖고 수업과 활동에 참여할 수 있도록 구성하였다. 심화 자료에서는 단원과 관련된 유용한 정보, 통계, 다른 나라 사례 등을 제공하여 좀 더 심층적인 자료를 활용하고자 하는 강사에게 도움을 주고자 하였다.

이 지도서는 한국사회 이해 강좌 수업의 표준이라기보다는 한 가지 예시이고 참고 자료라고 할 수 있다. 그러므로 강사는 이 지도서에 따라 그대로 강의를 진행하기보다는 자신의 강의 여건, 학습자의 상황 등에 맞게 적절히 재구성할 수 있다.

구성과 특징

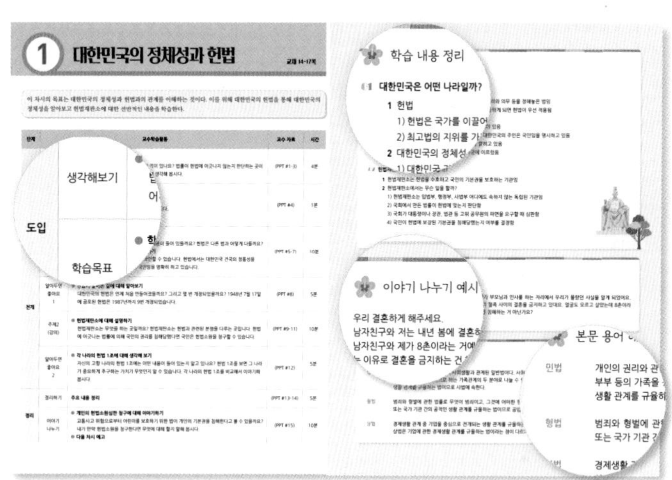

단원의 개관 및 지도안

단원명, 각 단원의 목표 및 주요 학습 내용을 제시하였다. 해당 단원의 교재 페이지를 명시하였고, 도입-전개-정리에 따른 교수 · 학습 활동, PPT, 단계별 수업 시간을 안내하였다.

학습 내용 정리

각 단원에서 배운 주요 학습 내용을 정리해 볼 수 있도록 구성하였다. 학습자와 질문하고 답하기, 빈칸 채우기 등 다양한 방식을 활용해 볼 수 있다.

이야기 나누기 예시 답안

교재의 단원별 마지막 부분에 수록된 이야기 나누기의 예시 답안을 제시하였다. 이것은 학습자들이 이야기 나누기에 좀 더 적극적으로 참여하는 데 도움을 줄 수 있는 예시 자료나 보충 자료로 활용될 수 있다.

본문 용어 해설

교재 본문에 서술된 내용 중 추가 설명이나 자세한 안내 등 해설이 필요한 용어를 정리하였다.

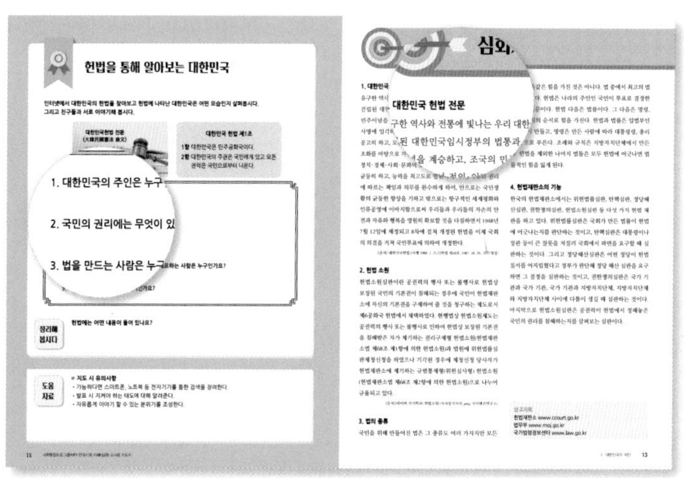

활동지 및 도움자료

수업 시간을 활용하여 학습자의 흥미와 눈높이를 고려하여 단원 내용과 관련되어 있는 과제 해결 형태의 활동지를 제시하였다. 활동을 진행할 때 학습자에게 도움이 될 수 있는 자료도 함께 제공하였다.

심화자료

각 단원의 학습 내용과 연관된 유용한 정보, 통계 자료, 다른 나라 사례 등을 제시하였다. 이 자료는 강사가 수업을 준비하거나 학습자를 지도하는 과정에서 유용하게 활용될 수 있다.

차례

제1편 대한민국의 국민

제2편 대한민국의 역사와 발전

제3편 대한민국의 정치와 외교

제4편
대한민국의 경제

제5편
대한민국의 법질서

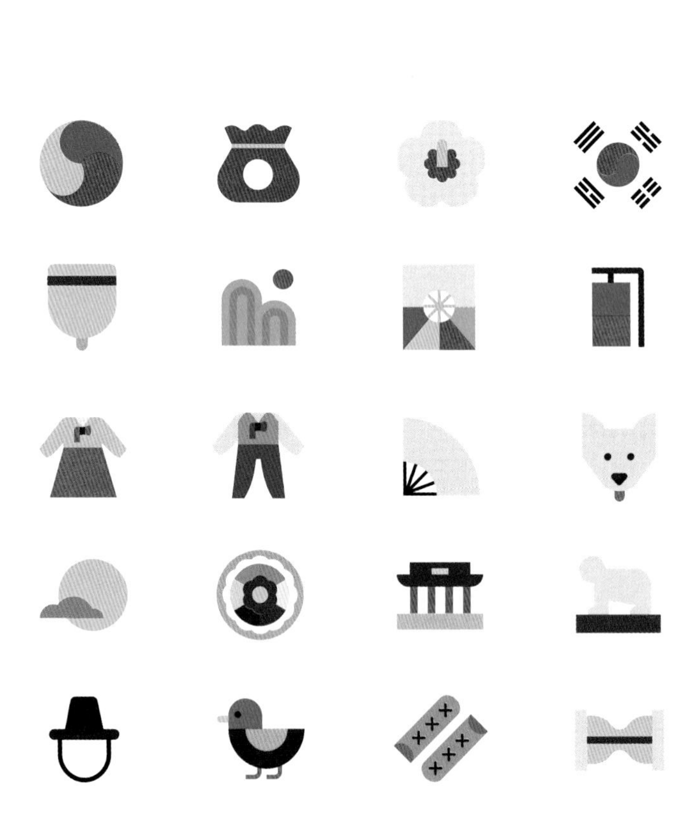

제 1 편

대한민국의 국민

1. 대한민국의 정체성과 헌법
2. 대한민국 국민의 권리
3. 대한민국 국민의 의무
4. 대한민국 국민을 위한 복지

1 대한민국의 정체성과 헌법

교재 14-17쪽

이 차시의 목표는 대한민국의 정체성과 헌법과의 관계를 이해하는 것이다. 이를 위해 대한민국의 헌법을 통해 대한민국의 정체성을 알아보고 헌법재판소에 대한 전반적인 내용을 학습한다.

단계		교수학습활동	교수 자료	시간
도입	생각해보기	● **헌법재판소에 대해 이야기해 보기** 법률이 헌법에 맞지 않는다고 생각한 적이 있나요? 법률이 헌법에 어긋나지 않는지 판단하는 곳이 어디일까요? 헌법재판소의 역할에 대해 생각해 봅시다.	(PPT #1-3)	4분
	학습목표	● **학습목표 제시** 1. 대한민국의 정체성을 설명할 수 있다. 2. 헌법재판소의 역할과 기능을 설명할 수 있다. ● **이번 차시와 관련된 교재의 단원 확인하기**	(PPT #4)	1분
전개	주제1 (강의)	● **헌법에 대해 설명하기** 헌법은 어떤 법일까요? 헌법에는 어떤 내용이 들어 있을까요? 헌법은 다른 법과 어떻게 다를까요? ● **헌법을 통해 대한민국의 정체성 설명하기** 헌법을 통해 대한민국의 정체성을 확인할 수 있습니다. 헌법에서는 대한민국 건국의 정통성을 명시하였고 대한민국의 주인이 국민임을 명확히 하고 있습니다.	(PPT #5-7)	10분
	알아두면 좋아요 1	● **헌법이 걸어온 길에 대해 알아보기** 대한민국의 헌법은 언제 처음 만들어졌을까요? 그리고 몇 번 개정되었을까요? 1948년 7월 17일에 공포된 헌법은 1987년까지 9번 개정되었습니다.	(PPT #8)	5분
	주제2 (강의)	● **헌법재판소에 대해 설명하기** 헌법재판소는 무엇을 하는 곳일까요? 헌법재판소는 헌법과 관련된 분쟁을 다루는 곳입니다. 헌법에 어긋나는 법률에 의해 국민의 권리를 침해당했다면 국민은 헌법소원을 청구할 수 있습니다.	(PPT #9-11)	10분
	알아두면 좋아요 2	● **각 나라의 헌법 1조에 대해 생각해 보기** 자신의 고향 나라의 헌법 1조에는 어떤 내용이 들어 있는지 알고 있나요? 헌법 1조를 보면 그 나라가 중요하게 추구하는 가치가 무엇인지 알 수 있습니다. 각 나라의 헌법 1조를 비교해서 이야기해 봅시다.	(PPT #12)	5분
정리	정리하기	**주요 내용 정리**	(PPT #13-14)	5분
	이야기 나누기	● **개인의 헌법소원심판 청구에 대해 이야기하기** 교통사고 위험으로부터 어린이를 보호하기 위한 법이 개인의 기본권을 침해한다고 볼 수 있을까요? 내가 만약 헌법소원을 청구한다면 무엇에 대해 할지 말해 봅시다. ● **다음 차시 예고**	(PPT #15)	10분

학습 내용 정리

01 대한민국은 어떤 나라일까?

1 헌법
1) 헌법은 국가를 이끌어가는 방법이면서 국민의 권리와 의무 등을 정해놓은 법임
2) 최고법의 지위를 가지기 때문에 다른 법률과 충돌하게 되면 헌법이 우선 적용됨

2 대한민국의 정체성
1) 대한민국 건국의 정통성은 헌법 전문에 명시되어 있음
2) 헌법 제1조에서 대한민국은 민주공화국이며 대한민국의 주인은 국민임을 명시하고 있음
3) 제4장에서 대한민국은 대통령제 국가임을 밝히고 있음
4) 대한민국 헌법은 9번의 개정을 거쳐 지금에 이르렀음

02 헌법재판소에서는 무슨 일을 할까?

1 헌법재판소는 헌법을 수호하고 국민의 기본권을 보호하는 기관임

2 헌법재판소에서는 무슨 일을 할까?
1) 헌법재판소는 입법부, 행정부, 사법부 어디에도 속하지 않는 독립된 기관임
2) 국회에서 만든 법률이 헌법에 맞는지 판단함
3) 국회가 대통령이나 장관, 법관 등 고위 공무원의 파면을 요구할 때 심판함
4) 국민이 헌법에 보장된 기본권을 침해당했는지 여부를 결정함

이야기 나누기 예시 답안

우리 결혼하게 해주세요.
남자친구와 저는 내년 봄에 결혼하기로 했어요. 그런데 양가 부모님과 인사를 하는 자리에서 우리가 몰랐던 사실을 알게 되었어요. 남자친구와 제가 8촌이라는 거예요. 민법에서는 8촌 이내의 혈족 사이의 결혼을 금지하고 있대요. 얼굴도 모르고 살았는데 8촌이라는 이유로 결혼을 금지하는 건 행복추구권, 혼인의 자유 등을 침해하는 거 아닌가요?

본문 용어 해설

민법 개인의 권리와 관련된 법률로 사회생활과 관계된 일반법이다. 사회생활 관계는 소유를 중심으로 하는 재산 관계와 친자, 부부 등의 가족을 중심으로 하는 가족관계의 두 분야로 나눌 수 있다. 민법은 이 두 분야를 모두 규제하는 법이며, 사적 생활 관계를 규율하는 법이므로 사법에 속한다.

형법 범죄와 형벌에 관한 법률로 무엇이 범죄이고, 그것에 어떠한 형벌을 부과할 것인가를 규정하고 있다. 개인과 국가 간 또는 국가 기관 간의 공적인 생활 관계를 규율하는 법이므로 공법에 속한다.

상법 경제생활 관계 중 기업을 중심으로 전개되는 생활 관계를 규율하는 법이다. 민법이 경제생활 일반을 규율하는 법이라면 상법은 기업에 관한 경제생활 관계를 규율하는 법이라는 점이 다르다.

헌법을 통해 알아보는 대한민국

인터넷에서 대한민국의 헌법을 찾아보고 헌법에 나타난 대한민국은 어떤 모습인지 살펴봅시다.
그리고 친구들과 서로 이야기해 봅시다.

대한민국헌법 전문
(大韓民國憲法 前文)
유구한 역사와 전통에 빛나는
우리 대한국민은 3·1운동으로
건립된 대한민국임시정부의
법통과 불의에 항거한 4·19
민주이념을 계승하고…

대한민국 헌법 제1조

1항 대한민국은 민주공화국이다.
2항 대한민국의 주권은 국민에게 있고 모든 권력은 국민으로부터 나온다.

1. 대한민국의 주인은 누구인가요?
2. 국민의 권리에는 무엇이 있나요?
3. 법을 만드는 사람은 누구인가요?
4. 국가의 원수이며 외국에 대하여 국가를 대표하는 사람은 누구인가요?
5. 최고법원에 속하는 기관은 어디인가요?

정리해 봅시다

헌법에는 어떤 내용이 들어 있나요?

도움 자료

● **지도 시 유의사항**
- 가능하다면 스마트폰, 노트북 등 전자기기를 통한 검색을 장려한다.
- 발표 시 지켜야 하는 태도에 대해 알려준다.
- 자유롭게 이야기 할 수 있는 분위기를 조성한다.

심화자료

1. 대한민국 헌법 전문

유구한 역사와 전통에 빛나는 우리 대한국민은 3·1운동으로 건립된 대한민국임시정부의 법통과 불의에 항거한 4·19 민주이념을 계승하고, 조국의 민주개혁과 평화적 통일의 사명에 입각하여 정의·인도와 동포애로써 민족의 단결을 공고히 하고, 모든 사회적 폐습과 불의를 타파하며, 자율과 조화를 바탕으로 자유민주적 기본질서를 더욱 확고히 하여 정치·경제·사회·문화의 모든 영역에 있어서 각인의 기회를 균등히 하고, 능력을 최고도로 발휘하게 하며, 자유와 권리에 따르는 책임과 의무를 완수하게 하여, 안으로는 국민생활의 균등한 향상을 기하고 밖으로는 항구적인 세계평화와 인류공영에 이바지함으로써 우리들과 우리들의 자손의 안전과 자유와 행복을 영원히 확보할 것을 다짐하면서 1948년 7월 12일에 제정되고 8차에 걸쳐 개정된 헌법을 이제 국회의 의결을 거쳐 국민투표에 의하여 개정한다.

[출처] 대한민국헌법 [시행 1988. 2. 25.] [헌법 제10호, 1987. 10. 29., 전부개정]

2. 헌법 소원

헌법소원심판이란 공권력의 행사 또는 불행사로 헌법상 보장된 국민의 기본권이 침해되는 경우에 국민이 헌법재판소에 자신의 기본권을 구제하여 줄 것을 청구하는 제도로서 제6공화국 헌법에서 채택하였다. 현행법상 헌법소원제도는 공권력의 행사 또는 불행사로 인하여 헌법상 보장된 기본권을 침해받은 자가 제기하는 권리구제형 헌법소원(헌법재판소법 제68조 제1항에 의한 헌법소원)과 법원에 위헌법률심판제청신청을 하였으나 기각된 경우에 제청신청 당사자가 헌법재판소에 제기하는 규범통제형(위헌심사형) 헌법소원(헌법재판소법 제68조 제2항에 의한 헌법소원)으로 나누어 규율되고 있다.

[출처][네이버 지식백과] 헌법소원 (시사상식사전, pmg 지식엔진연구소)

3. 법의 종류

국민을 위해 만들어진 법은 그 종류도 여러 가지지만 모든 법이 다 똑같은 힘을 가진 것은 아니다. 법 중에서 최고의 법은 헌법이다. 헌법은 나라의 주인인 국민이 투표로 결정한 법이기 때문이다. 헌법 다음은 법률이다. 그 다음은 명령, 조례, 규칙의 순서로 힘을 가진다. 헌법과 법률은 입법부인 국회에서 만들고, 명령은 만든 사람에 따라 대통령령, 총리령 등으로 부른다. 조례와 규칙은 지방자치단체에서 만든다. 헌법을 제외한 나머지 법들은 모두 헌법에 어긋나면 법률적인 힘을 잃게 된다.

4. 헌법재판소의 기능

한국의 헌법재판소에서는 위헌법률심판, 탄핵심판, 정당해산심판, 권한쟁의심판, 헌법소원심판 등 다섯 가지 헌법 재판을 하고 있다. 위헌법률심판은 국회가 만든 법률이 헌법에 어긋나는지를 판단하는 것이고, 탄핵심판은 대통령이나 장관 등이 큰 잘못을 저질러 국회에서 파면을 요구할 때 심판하는 것이다. 그리고 정당해산심판은 어떤 정당이 헌법질서를 어지럽혔다고 정부가 판단해 정당 해산 심판을 요구하면 그 결정을 심판하는 것이고, 권한쟁의심판은 국가 기관과 국가 기관, 국가 기관과 지방자치단체, 지방자치단체와 지방자치단체 사이에 다툼이 생길 때 심판하는 것이다. 마지막으로 헌법소원심판은 공권력이 헌법에서 정해놓은 국민의 권리를 침해하는지를 살펴보는 심판이다.

참고자료
헌법재판소 www.ccourt.go.kr
법무부 www.moj.go.kr
국가법령정보센터 www.law.go.kr

2 대한민국 국민의 권리

교재 18-21쪽

이 차시의 목표는 대한민국 국민으로서 보장받을 수 있는 권리에 대해 이해하는 것이다. 이를 위해 대한민국 국민으로서 가지는 권리에 대한 내용을 학습한다.

단계		교수학습활동	교수 자료	시간
도입	생각해보기	● **국민의 권리에 대해 이야기해 보기** 대한민국 국민은 누구나 평등할까요? 신분, 학벌, 성별과 관계없이 차별받지 않을 권리가 있을까요?	(PPT #1-3)	4분
	학습목표	● **학습목표 제시** 1. 권리의 의미를 통해 권리 보호의 필요성을 설명할 수 있다. 2. 헌법에 보장된 국민의 기본적인 권리를 제시할 수 있다. ● **이번 차시와 관련된 교재의 단원 확인하기**	(PPT #4)	1분
전개	주제1 (강의)	● **권리에 대해 설명하기** 흔히 말하는 권리란 무엇일까요? 대한민국 국민은 누구나 일정한 권리를 가지고 있을까요? 국민이 가지는 가장 기본적인 권리에는 무엇이 있을까요? ● **평등권에 대해 설명하기** 평등하다는 것은 무엇을 의미하는 것일까요? 무조건 똑같이 대우해 주는 것과 평등권은 어떤 차이가 있을까요? ● **자유권에 대해 설명하기** 자유권이란 개인의 자유가 함부로 제한받지 않을 권리입니다. 자유권이 적용되고 있는 구체적인 사례에는 무엇이 있을까요?	(PPT #5-7)	10분
	알아두면 좋아요 1	● **개명신청에 대해 알아보기** 이름은 태어나면서 부모님에 의해 정해집니다. 그런데 이름 때문에 불이익을 당한다면 어떻게 해야 할까요? 이유가 분명하다면 이름도 바꿀 수 있습니다.	(PPT #8)	5분
	주제2 (강의)	● **참정권에 대해 설명하기** 참정권은 정치에 참여할 수 있는 권리입니다. 참정권의 사례에는 무엇이 있을까요? ● **청구권에 대해 설명하기** 청구권은 국가에 대해서 일정한 요구를 할 수 있는 권리를 말합니다. 청구권의 사례에는 무엇이 있을까요? ● **사회권에 대해 설명하기** 사회권은 인간다운 생활에 필요한 최소한의 수준을 보장받을 수 있는 권리를 말합니다. 사회권의 사례에는 무엇이 있을까요?	(PPT #9-11)	10분
	알아두면 좋아요 2	● **기본권의 제한에 대해 생각해 보기** 헌법에서는 국민의 기본권을 보장하고 있지만 반대로 제한할 수도 있다고 명시하고 있습니다. 어떠한 경우에 기본권을 제한할까요?	(PPT #12)	5분
정리	정리하기	**주요 내용 정리**	(PPT #13-14)	5분
	이야기 나누기	● **휴대전화 사용 제한이 기본권 침해인지에 대해 이야기하기** 학교에서 휴대전화를 사용하지 못하게 하는 것은 기본권을 침해하는 것일까요? 학생들의 학습권 보장을 위해서 휴대전화를 사용하지 못하게 하는 것이 옳을까요? ● **다음 차시 예고**	(PPT #15)	10분

학습 내용 정리

01 자유권과 평등권은 어떤 권리일까?

1 권리

1) 어떤 일을 하거나 다른 사람에게 요구할 수 있는 정당한 힘이나 자격
2) 대한민국 국민은 누구나 일정한 권리를 가지고 있으며 법에 의해 보호를 받음

2 평등권

1) 성별, 종교, 인종, 직업 등 어떤 이유로도 부당하게 차별받지 않을 권리
2) 평등이란 기회는 균등하게 주되 개인의 능력이나 기여 정도 등에 따라 다르게 대우하고 보상하는 것임

3 자유권

1) 국가권력에 의해 개인의 자유가 함부로 제한받지 않을 권리
2) 헌법에서는 경제적, 사회적, 신체적, 정신적 자유 등으로 나누어 제시함

02 참정권, 청구권, 사회권은 어떤 권리일까?

1 참정권: 정치에 참여할 수 있는 권리

2 청구권

1) 국가에 대하여 일정한 요구를 할 수 있는 권리
2) 청구권은 다른 기본권 보장을 위한 기본권임

3 사회권: 인간다운 생활에 필요한 최소한의 수준을 보장받을 수 있는 권리

이야기 나누기 예시 답안

저는 수업 시간 중 휴대전화 사용 제한이 기본권을 침해한다고 생각하지 않아요. 몇몇 친구들이 수업시간에 사진을 찍거나 노래를 들으면서 흥얼거려 수업에 방해가 되기도 해요. 다른 사람의 기본권을 침해하는 사람들의 기본권을 지켜줄 필요는 없다고 생각해요. 물론 사회통합프로그램 수업에서도 휴대전화 사용을 제한해야 한다고 생각해요. 옆 사람이 휴대전화를 계속 사용하면 수업 시간에 집중할 수 없어서 힘들어요.

본문 용어 해설

신체의 자유 사람이 법률에 따르지 않고는 신체적 구속을 받지 않을 자유를 말한다. 대한민국 헌법은 제12조 1항에서 '누구든지 법률에 의하지 아니하고는 체포·구속·압수·수색 또는 심문을 받지 아니하며, 법률과 적법한 절차에 의하지 아니하고는 처벌·보안처분 또는 강제노역을 받지 아니한다.'고 규정하여 구체적 방법도 열거하고 있다.

양심의 자유 양심의 자유의 내용은 자신의 윤리적·논리적 판단에 따라 사물의 옳고 그름을 판단하는 자유인 '양심 결정의 자유'와 자신의 주관적 가치판단에 따라 결정된 양심이나 사상을 외부에 표명하도록 강제 받지 아니할 자유인 '침묵의 자유'로 구분된다.

학문의 자유 모든 국민은 학문의 자유를 가지며 저작자·발명가·과학기술자의 권리를 법률로써 보호한다는 원칙이다. 구체적으로는 학문 연구의 자유, 연구 발표의 자유, 교수의 자유(가르칠 자유) 등을 그 내용으로 한다.

집회의 자유 여러 사람들이 어떠한 공동 목적을 위하여 정부 등의 제한을 받지 않고 특정한 장소에 모이는 자유를 말한다. 일반적인 자유권과 같이 국가안전보장·질서유지·공공복리를 위하여 필요한 경우에는 법률로써 제한할 수 있다(헌법 제37조 2항).

기본권 스피드 퀴즈

※ 모둠에서 한 사람씩 돌아가며(붙임쪽지를 붙여가며) 이야기해 보고, 학습지에 정리해봅시다(1인당 3개 이상 씩 적어 보세요).

1. 문제카드에 기본권과 관련된 다양한 사례들을 적어 보고, 아래 칸에는 해당 기본권을 적어 봅시다.

2. 문제카드에 제시된 사례를 듣고 관련 기본권을 알아맞히는 스피드 퀴즈를 해 봅시다.

1) 1번에서 만든 카드의 예시 중 선택해서 모둠별 총 8장의 카드를 만듭니다.
   (A4용지를 3번 접으면 8장의 카드가 나옴)
2) 모둠끼리 팀을 이룬 뒤, 다른 모둠의 문제카드를 뽑습니다.
3) 모둠원 중 한 사람이 카드 8장 각각에 해당되는 사례를 읽어주면 나머지 세 사람이 관련 기본권을 맞춥니다.
4) 더 빨리 더 많은 정답을 맞힌 팀이 승리합니다.

〈카드의 예시〉

이주 노동자들이 이주 노동자의 이직을 막는 고용허가제 폐지를 요구하는 집회를 열었다.	히잡을 썼다고 면접시험에서 불합격하였다.	이혼 후 가정법원을 통해 재산분할을 요구할 수 있다.
(자유권)	**(평등권)**	**(청구권)**

도움 자료

- 문제는 자유권 2문제, 평등권 2문제, 사회권 2문제, 참정권·청구권 2문제로 고르게 출제한다.
- 문제 출제 시 강사가 이동하며 출제 오류를 수정해 준다.
- 본 활동은 나중에 할수록 유리하므로 게임 순서는 제비뽑기로 뽑는다.
- 활동의 승패보다 기본권이 실제 생활에서 어떤 방식으로 적용되는지 이해하는 것이 중요함을 강조한다.

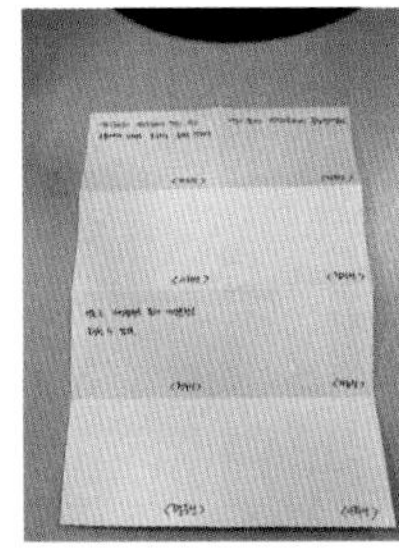

심화자료

1. 인권

세계인권선언에서는 “모든 사람은 태어날 때부터 자유롭고 동등한 존엄성과 권리를 가지고 있다.”라고 하였다. 인권이란 모든 사람이 인간답게 살아갈 권리이고 출생과 동시에 지니게 되는 인간 고유의 권리이다. 이처럼 사람은 누구나 다른 사람에게 침해당하지 않을 권리를 타고 난다 하여 ‘천부인권’이라고도 한다. 인종, 성별, 사회적 신분과 관계없이 모든 인간이 누릴 수 있는 가장 우선적으로 보장되는 권리를 말한다. 인권에는 자유로울 권리, 차별받지 않을 권리, 일할 권리 등이 포함되어 있으며, 국가는 인권 보호를 위해 생활보호법, 최저 임금제, 국민건강보험 등의 제도를 마련해 두고 있다.

2. 기본권

기본권이란 헌법에 인간의 권리를 규정함으로써 인간의 권리를 국가가 보장하고, 또 국민으로서의 권리가 보호받을 수 있도록 헌법에 규정한 권리를 말한다. 인권과 기본권은 조금 다른 개념이다. 인권은 인간으로서 출생과 더불어 가지는 당연한 권리를 말한다. 이에 반하여 기본권은 인권이 헌법에 성문화되어 규정되는 인권을 의미한다. 인권과 기본권은 동일한 개념은 아니지만 헌법에 규정되지 않았다고 해서 인권이 무시될 수는 없는 것이므로 인권과 기본권의 구별은 별 의미가 없다고 보아야 한다.

3. 국민권익위원회

국민권익위원회는 부패 방지와 국민의 권리 보호 및 구제를 위하여 과거 국민고충처리위원회·국가청렴위원회·국무총리행정심판위원회 등의 기능을 묶어서 2008년에 새롭게 설치한 국무총리 소속의 행정기관이다. 국민권익위원회의 업무는 크게 세 가지로 나눌 수 있다. 국민들을 불편하게 하는 민원을 처리하고 이와 관련된 불합리한 행정제도를 개선한다. 또 공무원들의 부패를 예방하고, 부패 행위를 했을 경우 처벌을 하여 청렴한 공직 및 사회 풍토를 만든다. 그리고 국민들이 행정 업무를 하는 관청으로부터 부당한 처분을 받았을 때 그 권리를 보호하는 일을 한다.

4. 투표

국회의원선거의 선거일에 투표소에서 받게 될 투표용지는 다음과 같다.

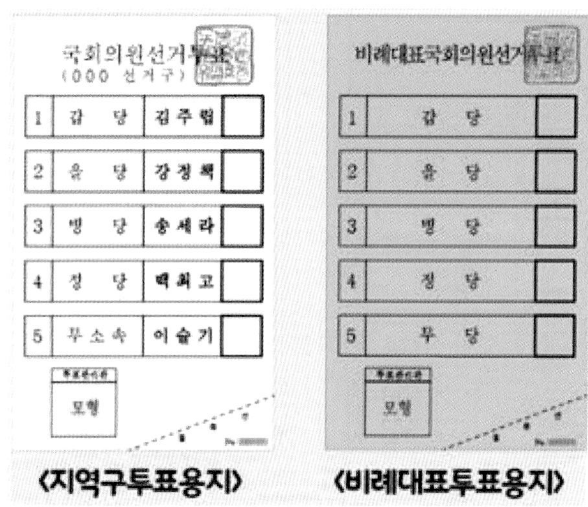

<지역구투표용지> <비례대표투표용지>

지역구 1장, 비례대표 1장 모두 2장의 투표용지를 받게 된다. 지역구 투표용지에는 한 명의 후보자에게, 비례대표 투표용지에는 하나의 정당에만 기표해야 한다.

투표용지 후보자칸 사이에 여백은 왜 있을까? 정당이나 후보자를 구분한 선에 기표하여 발생했던 투표지의 유·무효 논란을 방지하고자 정당·후보자칸 사이에 여백이 있는 투표용지를 사용하고 있다.

참고자료

국민신문고 www.epeople.go.kr
국민권익위원회 www.acrc.go.kr
중앙선거관리위원회 www.nec.go.kr

3 대한민국 국민의 의무

교재 22-25쪽

이 차시의 목표는 대한민국 국민으로서 지켜야 할 의무에는 어떤 것이 있는지 살펴보는 것이다. 이를 위해 대한민국 국민의 의무에 대한 내용을 학습한다.

단계		교수학습활동	교수 자료	시간
도입	생각해보기	● **국민의 의무에는 무엇이 있는지 찾아보기** 대한민국 국민이라면 지켜야 할 의무에는 무엇이 있을까요? 사진을 보고 의무에 해당하는 것을 찾아봅시다.	(PPT #1-3)	4분
	학습목표	● **학습목표 제시** 1. 대한민국 국민의 의무 중 납세와 국방의 의무를 설명할 수 있다. 2. 대한민국 국민의 의무 중 교육과 근로의 의무를 설명할 수 있다. ● **이번 차시와 관련된 교재의 단원 확인하기**	(PPT #4)	1분
전개	주제1 (강의)	● **의무에 대해 설명하기** 의무란 무엇일까요? 의무란 법으로 정해져 강제성이 있고 반드시 해야 하는 일을 말합니다. 헌법에는 국민으로서 지켜야 할 의무를 규정하고 있습니다. ● **납세의 의무에 대해 설명하기** 납세의 의무는 세금을 내야 하는 의무입니다. 국가의 유지 발전을 위해서는 국민들이 세금을 납부해야 합니다. ● **국방의 의무에 대해 설명하기** 국방의 의무는 국가의 독립 유지와 영토 보전을 위해 나라를 지켜야 하는 의무입니다.	(PPT #5-7)	10분
	알아두면 좋아요 1	● **외국인의 납세에 대해 알아보기** 외국인도 한국에서 세금을 내야 할까요? 국내에 체류하는 외국인 근로자들도 다양한 방법으로 세금을 내고 있습니다.	(PPT #8)	5분
	주제2 (강의)	● **교육의 의무에 대해 설명하기** 교육의 의무는 모든 국민이 자녀에게 교육을 받게 할 의무입니다. ● **근로의 의무에 대해 설명하기** 근로의 의무는 개인의 행복과 국가의 발전을 위해 자신이 맡은 일을 열심히 해야 하는 의무입니다. ● **국민의 권리이면서 의무인 것에 대해 살펴보기** 대한민국 국민은 교육을 받을 권리가 있으면서 교육을 받게 할 의무도 있습니다. 근로권이 있으면서 근로의 의무도 있습니다. 이렇게 권리이면서 의무인 것들에는 무엇이 있을까요?	(PPT #9-11)	10분
	알아두면 좋아요 2	● **공공복리를 위한 기본권 제한에 대해 알아보기** 교재에서 제시한 사례를 통해서 기본권이 제한되어야 하는 이유에 대해 서로 이야기해 봅시다.	(PPT #12)	5분
정리	정리하기	**주요 내용 정리**	(PPT #13-14)	5분
	이야기 나누기	● **투표 참여에 대해 이야기하기** 투표는 권리일까요, 의무일까요? 투표는 국민이 정치에 참여할 수 있는 방법 중에 하나입니다. 올바른 사회를 만들기 위해 투표에 적극적으로 참여해야 합니다. ● **다음 차시 예고**	(PPT #15)	10분

학습 내용 정리

01 납세의 의무와 국방의 의무는 무엇일까?

1 의무: 법으로 정해져서 강제성이 있고 반드시 해야 하는 일

2 납세의 의무

1) 국가의 유지와 발전을 위해서 필요한 돈을 확보할 수 있도록 세금을 납부해야 함

2) 대한민국은 반드시 법률에 의해서만 세금을 부과할 수 있음

3 국방의 의무

1) 국가의 독립 유지와 영토 보전을 위해 나라를 지켜야 하는 의무

2) 국가 안보와 관련된 다양한 활동을 해야 할 의무를 국민 전체가 가지고 있음

02 교육의 의무와 근로의 의무는 무엇일까?

1 교육의 의무

1) 모든 국민은 자녀를 교육받게 할 의무가 있음

2) 특별한 이유 없이 자녀를 학교에 보내지 않으면 부모는 법에 따라 과태료를 내야 함

2 근로의 의무

1) 개인의 행복과 국가의 발전을 위해 자신이 맡은 일을 열심히 해야 하는 의무

2) 대한민국 국민이라면 자신의 능력 범위 내에서 정당한 근로를 통해 생활을 꾸려 나가야 함

3 교육, 근로, 환경, 재산권 행사 등과 관련된 내용은 국민의 권리인 동시에 의무임

이야기 나누기 예시 답안

저는 투표는 의무라고 생각해요. 우리나라를 이끌어갈 사람을 뽑는 일인데 당연히 모든 국민이 참여해야죠. 후보자에 대한 생각을 확실하게 보여줘야 후보자가 뽑혔을 때 국민의 뜻을 더욱 소중하게 받아들일 것 같아요. 모두가 투표해서 소중한 한 표의 가치를 보여줘야 해요. 그래서 저는 투표를 의무적으로 해야 한다고 생각해요. 저는 의무투표제 도입에 찬성해요.

본문 용어 해설

연말정산 국세청에서 1년 동안 간이세액표에 따라 거둬들인 근로소득세를 연말에 다시 따져보고, 실소득보다 많은 세금을 냈으면 그만큼을 돌려주고 적게 거뒀으면 더 징수하는 절차를 말한다.

의무교육 의무교육은 근대국가교육제도의 특색으로 교육의 기회균등사상에 입각한 것이다. 근대 이후 나라마다 국민의 사회적 신분이나 경제적 지위의 차별 없이 그 능력에 따라 교육을 받을 권리를 인정하고, 국가는 그 국민의 권리를 보호하기 위하여 학교를 설치하여 교육의 기회를 평등하게 주는 교육제도를 취한다.

공공복리 개인의 개별적 이익과는 달리 다수의 이익이 잘 조화될 때 성립하는 전체의 이익을 의미한다. 재산권 행사에 있어서 공공복리 적합성을 사실상 윤리적 의무만으로 기대하기 어려우므로 현대국가에서는 국가권력이 사회적·경제적 과정에 개입하여 모든 사람이 인간다운 생존을 확보하도록 하고 있다.

국민의 의무를 나라별로 비교하기

1. 자신의 고향 나라에서 반드시 지켜야 하는 의무와 대한민국 국민의 의무가 비슷한가요? 다른가요? 비슷한 점은 무엇이고 다른 점은 무엇인지 적어 봅시다.

	비슷한 점	다른 점
납세의 의무		
국방의 의무		
교육의 의무		
근로의 의무		
그 외 대한민국에는 없지만 자신의 고향 나라에는 있었던 의무		

2. 다른 사람의 발표 내용 중 자신에게 특별히 인상적이었던 의무의 사례가 있으면 적어 봅시다(도입하면 좋을 것 같은 사례, 특이하거나 낯설다고 느껴지는 사례 등).

도움 자료

- 본 활동은 자신의 고향 나라에서의 의무와 대한민국 국민으로서의 의무를 비교·대조의 방식으로 살펴보며 정확히 이해하고자 하는 활동이다.

- 비슷하거나 다른 점의 예로 다음과 같이 적을 수 있다.
  〈보기〉 납부하는 세금의 종류나 방법이 다르다.
  병역의 의무가 있는 건 동일한데 복무기간이 다르다.
  의무교육기간이 정해져 있지 않다. 의무교육기간이 다르다. 등

1. 세금의 종류

일을 해서 번 소득의 일부를 내는 소득세, 회사가 이익을 남기면 내는 법인세, 집이나 땅 같은 재산을 보유하고 있으면 내는 재산세, 자동차를 소유하고 있으면 내는 자동차세 등과 같이 세금을 부담해야 하는 사람이 나라에 직접 내는 세금은 직접세라고 한다. 권리를 사고팔 때 내는 등록세, 물건을 살 때 내는 부가 가치세, 이동할 때 내는 통행세같이 간접적인 방법으로 나라에 내는 세금은 간접세라고 한다. 또한 세금을 누구에게 내느냐에 따라 세금의 종류가 달라지는데 국민 전체를 위한 일을 하는 중앙 정부에 내는 세금을 '국세', 지역 주민을 위한 일을 하는 지방자치단체에 내는 세금을 '지방세'라고 한다.

2. 의무 투표제

우리나라는 유권자가 투표에 참여하는 것이 자유이지만, 의무적으로 투표에 참여하도록 제도를 만든 나라들도 있다. 투표가 유권자들의 권리이자 의무라고 생각하기 때문이다. 이러한 의무 투표제는 오스트레일리아, 싱가포르, 페루, 터키 등 약 30여 개국에서 시행하고 있다.

의무 투표제를 시행하고 있는 나라들 중에는 유권자들이 선거일에 몸이 아팠다거나 외국에 있었다거나 하는 타당한 이유 없이 투표를 하지 않을 경우 벌금 또는 불이익을 주는 나라들도 있다. 의무 투표제는 투표율을 높이는 데 많은 영향을 미친다. 의무 투표제를 시행하는 나라들의 투표율은 대체로 높게 나타나고 있다. 베네수엘라가 1993년에 의무 투표제를 폐지한 이후 투표율이 약 30% 정도 떨어졌다는 것을 보면 의무 투표제가 투표율에 얼마나 큰 영향을 미치는지 알 수 있다. 앞으로 우리나라도 투표율을 높이기 위한 다양한 방법을 마련해야 할 것이다.

[출처][네이버 지식백과] 의무 투표제

3. 고등학교 무상교육

고등학교 무상교육은 고등학교 전 학년(1~3학년) 재학생에게 입학금 · 수업료 · 학교운영지원비 · 교과서비를 지원하여 학비 부담 없이 학교를 다닐 수 있도록 하는 정책이다.

고등학교 무상교육은 2020년 고교 2 · 3학년(85만 명), 2021년에는 고등학교 전 학년을 대상으로 무상교육이 실시되어, 124만 명의 학생이 연간 160만 원의 공교육비를 절감했다. 당초 국정과제 계획의 완성연도인 2022년보다 1년 앞당겨 실시한 것으로, 이를 통해 코로나19 시기 국민들의 가계 교육비 부담을 경감하는 데 기여했다.

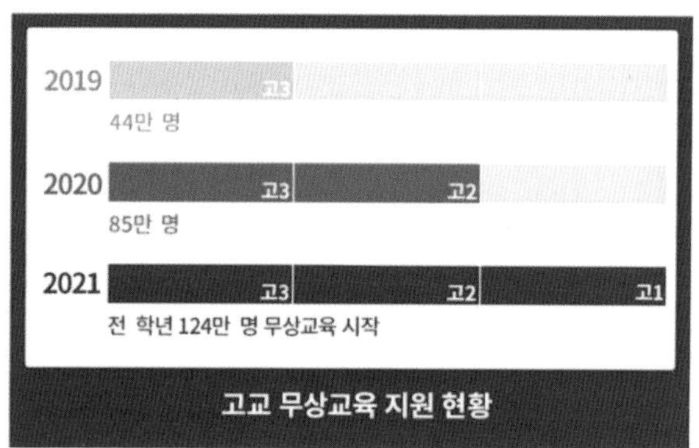

[출처] 대한민국 정책브리핑(www.korea.kr)

4. 병역의 의무

대한민국 국민인 남성은 국방의 의무 중 하나인 병역의 의무를 수행하여야 한다. 병역의 의무는 국가의 복무 명령이 있을 때에 군대의 구성원으로서 군에 복무할 의무를 말한다. 대한민국 국민인 남자는 헌법과 병역법이 정하는 바에 의하여 병역에 복무할 의무를 지며(헌법 제39조 1항, 병역법 제3조 1항), 여자는 지원에 의하여 현역에 한하여 복무할 수 있다(병역법 제3조 1항). 또 헌법 제 39조 제2항은 '누구든지 병역의무의 이행으로 인하여 불이익한 처우를 받지 않는다'고 규정하고 있다.

참고자료
국세청 홈택스 www.hometax.go.kr
서울시 지방세 인터넷 납부시스템 etax.seoul.go.kr

4 대한민국 국민을 위한 복지

교재 26-29쪽

이 차시의 목표는 대한민국 국민으로서 보장받을 수 있는 복지에 대해 이해하는 것이다. 이를 위해 4대 사회보험과 공공부조에 대한 내용을 학습한다.

단계		교수학습활동	교수 자료	시간
도입	생각해보기	● **4대 사회보험에 대해 이야기해 보기** 4대 사회보험에는 무엇이 있을까요? 4대 사회보험의 혜택을 받은 적이 있나요? 한국과 자신의 고향 나라의 사회보험을 비교해서 말해 봅시다.	(PPT #1-3)	4분
	학습목표	● **학습목표 제시** 1. 대한민국 사회보험의 종류를 구분할 수 있다. 2. 공공부조 제도의 개념과 특징을 설명할 수 있다. ● **이번 차시와 관련된 교재의 단원 확인하기**	(PPT #4)	1분
전개	주제1 (강의)	● **사회보험에 대해 설명하기** 대한민국은 국민 생활의 향상과 인간다운 삶을 보장하기 위해 사회보험제도를 운영하고 있습니다. 사회보험이란 무엇일까요? 사회보험에는 무엇이 있을까요? ● **4대 사회보험의 종류와 특징에 대해 설명하기** 건강보험, 국민연금, 고용보험, 산업재해보상보험은 4대 사회보험입니다. 사회보험에 대해 구체적으로 알아봅시다.	(PPT #5-7)	10분
	알아두면 좋아요 1	● **노인장기요양보험에 대해 알아보기** 노인 인구가 늘어나면서 노인장기요양보험의 혜택을 받는 사람들이 많아지고 있습니다. 노인장기요양보험을 통해 노인 부양의 부담을 덜 수 있습니다.	(PPT #8)	5분
	주제2 (강의)	● **공공부조의 의미와 특징에 대해 설명하기** 공공부조는 무엇일까요? 공공부조가 사회보험과 다른 점은 무엇일까요? 공공부조는 최소한의 인간다운 삶을 보장해주는 것으로 이와 관련하여 국민기초생활보장제도와 의료급여제도가 운영되고 있습니다. ● **국민기초생활보장제도와 의료급여에 대해 설명하기** 국민기초생활보장제도는 무엇이고 누구를 위한 제도일까요? 의료급여제도는 무엇이고 의료비를 얼마나 지원받을 수 있을까요?	(PPT #9-11)	10분
	알아두면 좋아요 2	● **의료급여에 대해 자세히 알아보기** 의료급여를 이용할 때 어떻게 해야 할까요? 1년에 며칠 정도 이용할 수 있을까요?	(PPT #12)	5분
정리	정리하기	**주요 내용 정리**	(PPT #13-14)	5분
	이야기 나누기	● **복지병에 대해 이야기하기** 복지병이란 무엇일까요? 한국은 복지제도를 많이 실시하고 있나요? 자신의 고향 나라와 한국의 사회복지 제도에 대해 비교해서 말해 봅시다. ● **다음 차시 예고**	(PPT #15)	10분

학습 내용 정리

01 사회보험에는 무엇이 있을까?

1 사회보험: 미래의 위험에 대비해 국가가 법에 의하여 강제성을 띠고 시행하는 보험
1) 건강보험: 국민의 보건을 향상시키기 위한 제도
2) 국민연금: 은퇴 이후의 소득을 보장하는 제도
3) 고용보험: 실직자에게 실업급여를 제공하고 직장을 구할 수 있도록 지원하는 제도
4) 산업재해보상보험: 회사에서 일하다가 사고를 당했을 때 피해에 대해 보상받을 수 있는 제도

02 공공부조는 무엇일까?

1 공공부조
1) 최소한의 생활이 어려운 사람들의 기본적인 생활수준을 보장해 주기 위해 국가나 지방자치단체가 지원하는 것을 말함
2) 국민기초생활보장제도와 의료급여제도가 운영되고 있음

2 국민기초생활보장제도: 생계를 유지할 능력이 없거나 생활이 어려운 저소득층에게 생계·교육·의료·주거 등의 기본적인 생활을 보장해 주는 제도

3 의료급여제도: 생계유지능력이 없거나 저소득층인 국민에게 제공하는 의료비 지원제도

이야기 나누기 예시 답안

한국은 노인 인구의 수가 점점 많아지고 있어요. 그래서 노인 인구를 대상으로 하는 복지제도가 더 많이 확대되어야 한다고 생각해요. 또한 노인장기요양보험처럼 노인 부양을 위한 제도가 다양해졌으면 좋겠어요. 그리고 복지혜택의 수준은 높게 하되 복지혜택이 꼭 필요한 사람만 받을 수 있게 했으면 좋겠어요. 저소득층에 대한 복지정책이 많아지면 좋겠어요. 또한, 필요한 부분에서는 건강보험처럼 누구나 그 혜택을 누릴 수 있는 보편적 복지정책을 펴야 한다고 생각해요. 우리나라에서는 한국의 건강보험과 같은 제도가 없어요. 그래서 의료비가 비싸서 병원을 이용할 때 부담이 돼요. 한국의 건강보험제도가 좋은 것 같아요.`

본문 용어 해설

보험 재해나 각종 사고 따위가 일어날 경우의 경제적 손해에 대비하여, 공통된 사고의 위협을 피하고자 하는 사람들이 미리 일정한 돈을 함께 적립하여 두었다가 사고를 당한 사람에게 일정 금액을 주어 손해를 보상하는 제도이다. 국민의 복지를 위해 국가에서 관리하는 사회보험과 개인이 자신의 미래를 대비하기 위해서 가입하는 개인보험이 있다.

업무상 재해 '산업재해보상보험법'에서, 업무상의 사유에 따른 근로자의 부상, 질병, 장해, 사망 등을 이르는 말이다. 업무수행으로 인하여 근로자들이 질병이나 부상을 당하면 사용자는 반드시 보상을 해주어야 한다. 발병 원인에 대한 인과관계를 규명해야 하기 때문에 보상책임에 대한 논란이 자주 발생한다.

최저생계비 국민이 건강하고 문화적인 생활을 유지하기 위하여 필요한 최소한의 비용이다. 좁은 뜻으로는 인간이 생물적 존재로서 생존하는 데 필요한 생계비이고, 넓은 뜻으로는 인간이 문화적 존재로서 살아가는 데 필요한 생활비이다. 오늘날 최저생계비라고 하면 넓은 뜻의 개념으로 이해되고 있다.

사회보험 제도의 종류

1. 다음 중 한국의 사회보험 제도에 해당하는 것을 찾아 색칠해 봅시다(네 가지).

산업재해보상보험	건강보험	생명보험	교육보험
의료급여제도	국민기초생활보장제도	고용보험	화재보험
운전자보험	국민연금	주거급여	손해보험

2. 자신이 경험해 본 한국의 사회보험이나 공공부조 제도의 혜택을 적어 봅시다. 또는 자신의 고향 나라와 비교했을 때 잘 만들어져 있다고 생각하는 한국의 사회보험/공공부조 제도를 적어 봅시다.

도움 자료

- 본 활동은 대한민국 사회보험 제도의 종류를 정확히 이해하였는지 확인해 보고, 관련 경험을 공유함으로써 앞으로 자신에게 적합한 제도를 잘 활용할 수 있도록 하는 데 목적이 있다.

- 사회보험 제도는 미래에 발생할 수 있는 어려움에 대비하여 평소 국가에 일정한 돈을 내면, 실제 어려움이 발생했을 때 국가가 필요한 돈을 지급해 주는 제도로 개인이 자신의 미래를 대비하기 위해서 보험회사에 돈을 내는 개인보험이나 국가가 전적으로 지원을 제공하는 공공부조와는 다르다.

1. 국민연금

정부가 직접 운영하는 공적 연금제도로, 국민 개개인이 소득 활동을 할 때 납부한 보험료를 기반으로 하여 나이가 들거나, 갑작스러운 사고나 질병으로 사망 또는 장애를 입어 소득 활동이 중단된 경우 본인이나 유족에게 연금을 지급함으로써 기본 생활을 유지할 수 있도록 하는 연금제도를 말한다. 국민연금은 공적 연금으로서 가입이 법적으로 의무화되어 있기 때문에 사(私)보험에 비해 관리운영비가 적게 소요되며, 관리운영비의 상당 부분이 국고에서 지원되므로 사보험처럼 영업 이익을 추구하지 않는다. 현행 국민연금 제도는 부담과 급여의 수준이 일정 기간 불완전 균형을 이루는 수정 적립 방식을 채택해 운용하고 있다.

우리나라의 공적 연금제도는 1960년 공무원 연금제도의 도입에서 시작되었으며, 일반 국민을 대상으로 하는 공적 연금제도는 1973년에 제정된 '국민복지연금법'을 바탕으로 1986년 12월 31일에 전면개정한 '국민연금법'에 의해 1988년부터 실시되고 있다.

[출처] [네이버 지식백과] 국민연금

2. 최저생계비

최저생계비란 국민이 건강하고 문화적인 생활을 유지하기 위하여 필요한 최소한의 비용이다. 최저생계비는 기초생활보장을 비롯한 각종 사회복지 수급자 선정 및 급여 책정의 기준이 된다. 소득이 최저생계비에 미치지 못하는 기초생활수급자의 경우 최저생계비에서 부족한 액수만큼 정부가 보전해 주며, 최저생계비를 기준으로 소득이 120~150% 이하에 머물 경우 차상위계층으로 분류해 다양한 복지혜택을 제공한다.

3. 국민기초생활보장제도

생활이 어려운 국민에게 국가가 생계, 주거, 교육, 의료 등 기본적인 생활을 보장하고 자활을 조성하기 위한 제도이며, 국가의 보호가 필요한 최저생계비 이하의 모든 국민에게 국가가 기본적인 생활을 할 수 있도록 제도적으로 보장하는 공공부조제도다. 1961년부터 시행된 생활보호제도(생활보호법)를 대신하는 복지정책으로 국민기초생활보장법에 의거하여 2000년 10월부터 시행되고 있다. 구성은 생계급여, 주거급여, 의료급여, 교육급여, 해산급여, 장제급여, 자활급여 등으로 이루어진다.

1) 생계급여: 수급자의 생계를 유지하기 위해 일상생활에 기본적으로 필요한 의복비, 식비 및 연료비 등이 포함된 금액이 생계급여로 지급된다.
2) 주거급여: 수급자의 주거 안정에 필요한 임차료, 수선유지비 등이 주거급여로 지급된다.
3) 교육급여: 입학금, 수업료, 학용품비, 그 밖의 수급품 등이 교육급여로 지급된다.
4) 의료급여: 건강한 생활을 유지하는 데 필요한 각종 검사 및 치료 등을 하는 비용이 의료급여로 지급된다.
5) 해산급여: 조산을 했거나 분만하기 전후로 조치와 보호가 필요한 경우 해산급여가 지급된다.
6) 장제급여: 수급자가 사망한 경우 사체의 검안·운반·화장 또는 매장, 그 밖의 장제 조치에 필요한 비용이 장제급여로 지급된다.

참고자료
찾기 쉬운 생활법령정보 www.easylaw.go.kr
4대 사회보험 정보연계센터 www.4insure.or.kr

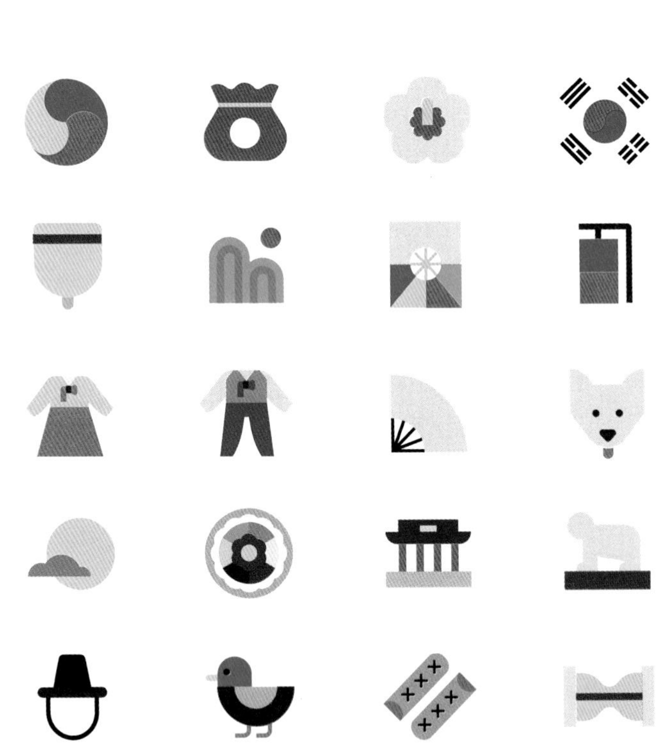

제 2 편

대한민국의 역사와 발전

5 대한민국 정부 수립

교재 36-39쪽

이 차시의 목표는 광복 이후 통일 정부 수립 노력과 대한민국 정부 수립 과정을 파악하는 것이다. 이를 위해 8·15 광복과 남북 분단, 통일 정부 수립을 위한 노력, 남북 협상, 대한민국 정부 수립에 대한 내용을 학습한다.

단계		교수학습활동	교수 자료	시간
도입	생각해보기	● **1945년 8·15 광복 직후, 38도선(남한과 북한을 나누는 선)을 넘어오려는 사람들의 모습이 나타나 있는 사진 살펴보기** 표지판 왼쪽에는 영어로 '미국 구역(남한)', 오른쪽에는 러시아어로 '소련 구역(북한)'이라고 표시되어 있습니다. 이 표지판 옆에 있는 미국 군인은 무엇을 하고 있을까요?	(PPT #1-3)	4분
	학습목표	● **학습목표 제시** 1. 광복 이후 통일 정부 수립 노력을 설명할 수 있다. 2. 대한민국 정부가 수립되는 과정을 설명할 수 있다. ● **이번 차시와 관련된 교재의 단원 확인하기**	(PPT #4)	1분
전개	주제1 (강의)	● **8·15 광복과 남북 분단** 한국은 어떻게 해서 광복을 할 수 있었을까요? 광복 직후 한국의 상황은 어떠했을까요? 광복 직후 38도선이 그어지게 된 과정을 살펴봅시다. ● **통일 정부 수립을 위한 노력** 1945년 12월, 소련의 모스크바에서 미국, 영국, 소련 세 나라 대표(외무 장관)가 모여 국제 상황에 대한 의논을 했습니다. 이 자리에서 한반도 문제도 의논이 되었습니다. 이 회의에서 어떤 결정이 있었는지 살펴봅시다.	(PPT #5-7)	10분
	알아두면 좋아요 1	● **38도선의 설정 과정 살펴보기** 1945년 8월 11일 미국 정책단에서 보고하여 38도선을 확정할 때 참고한 지도를 보면서 38도선의 위치를 살펴봅시다. 38도선은 한국 사람들에게 어떤 영향을 가져왔을지 알아봅시다.	(PPT #8)	5분
	주제2 (강의)	● **남북 협상 살펴보기** 한반도가 남과 북으로 나누어질 상황이 되자 김구 등 정치 지도자들은 걱정이 되었습니다. 이들은 남북 분단을 피하고 한반도에 통일 정부를 세우기 위해 어떤 노력을 했을까요? 그 결과는 어떻게 되었을까요? ● **대한민국 정부 수립 과정 알아보기** 한반도에 남북이 통일된 정부를 수립하기 위해 한국인들은 어떤 노력을 했을까요? 남북 협상의 전개와 대한민국 정부 수립 과정을 살펴봅시다.	(PPT #9-11)	10분
	알아두면 좋아요 2	● **5·10 총선거 당시의 사회 모습 소개하기** 5·10 총선거 당시 선거 유세와 투표 용지에 대한 이야기를 읽어봅시다. 왜 많은 후보자가 자신의 기호를 '작대기' 개수로 표시했을까요? 5·10 총선거에 얼마나 많은 사람들이 참여하였을까요?	(PPT #12)	5분
정리	정리하기	**주요 내용 정리**	(PPT #13-14)	5분
	이야기 나누기	● **'대한민국'이라는 나라 이름(국호)에 담긴 의미 살펴보기** 자신의 고향 나라 이름(국호)이 어떤 의미를 갖고 있는지 소개해 봅시다. ● **다음 차시 예고**	(PPT #15)	10분

학습 내용 정리

01 8·15 광복과 남북 분단

1 8·15 광복: 1945년 8월 15일 일본의 항복 → 한국인들이 광복을 맞이함
2 8·15 광복의 배경: 연합국의 승리, 한국인들의 독립운동
3 8·15 광복 직후 상황: 38도선을 경계로 북쪽은 소련군이, 남쪽은 미군이 통치

02 통일 정부 수립을 위한 노력

1 모스크바 3국 외상 회의: 한반도 문제 논의 → '한반도에 민주적인 임시 정부 수립, 미·소 공동 위원회 설치, 최고 5년 동안 신탁 통치 실시' 결정 → 신탁 통치를 둘러싸고 큰 갈등이 일어남
2 국제 연합(UN)의 결정: 국제 연합(UN) 총회에서 한반도에 총선거 실시 결정 → 소련의 반대 → 유엔 소총회에서 38도선 남쪽(남한 지역)에서만 총선거 실시할 것을 결정

03 남북 협상

1 김구: '3천만 동포에게 읍고함'이라는 글 발표(남한 단독 정부가 세워지는 것 반대)
2 남북 협상: 통일 정부 수립을 위해 김구 등이 1948년 4월에 평양에서 북한 정치인들과 통일 정부 수립을 위한 회의를 함 → 큰 성과를 거두지 못함

04 대한민국 정부 수립

1 5·10 총선거: 1948년 5월 10일 38도선 남쪽(남한 지역)에서 총선거 실시 → 국회의원 선출
2 제헌 국회: 나라 이름을 '대한민국'으로 정함, 헌법 제정, 대통령에 이승만 선출
3 대한민국 정부 수립: 이승만 대통령이 1948년 8월 15일에 선포
4 북한 정권 수립: 1948년 9월 9일

이야기 나누기 예시 답안

- 중국 사람: 중국의 공식 국호는 중화인민공화국(中華人民共和國)이에요. 줄여서 '중국'이라고 부르지요. '중화(中華)'는 옛날부터 중국을 가리키는 말이었고, '인민(人民)' 즉, 국민에게 주권이 있고, '공화국(共和國)' 형태의 정치 체제를 갖춘 국가라는 의미이지요.
- 일본 사람: 일본(日本)의 국호는 한자에서 알 수 있듯이 '해뜨는 곳'이라는 의미를 갖고 있어요.
- 베트남 사람: 베트남이라는 국호는 옛 베트남 지역에 있던 '남월(南越)'이라는 국가에서 유래했어요. '남월(南越)'은 '남비엣'이라고 발음하였지요. 이후 중국 청나라 때 이를 반대로 바꾼 '월남(越南)'이라고 불렀고, '비엣남'이라고 불리던 것이 나중에 베트남이 된 것이에요.

본문 용어 해설

광복	다른 나라에게 빼긴 땅과 주권을 다시 찾음
소련	1922~1991년에 유라시아 대륙에 있었던 소비에트 연방 공화국, 지금의 러시아와 주변 국가들
신탁 통치	국제 연합(UN)의 위임을 받은 국가가 아직 자치 능력이 없는 지역을 일정 기간 통치하는 것을 의미함. 한반도의 경우 임시 정부 수립을 돕고자 모스크바 3국 외상 회의의 결정을 통해 미국, 소련, 영국, 중국이 신탁 통치를 하고자 하였으나 실행되지 못하였음.
국제 연합(UN)	제2차 세계 대전 후 전쟁 방지와 평화 유지를 위해 설립된 국제기구
제헌 국회	한국 최초로 구성된 의회. 헌법을 제정했기 때문에 제헌 국회라고 함.

신탁 통치 문제와 통일 정부 수립을 위한 노력

※ 다음의 글을 읽고, 질문에 답해 봅시다.

(가)

사진은 1945년 12월 28일, 신탁 통치 절대 반대를 주장하는 사람들의 시위 모습이다.

(나)

사진은 1946년 1월 3일, 모스크바 3국 외상 회의의 결정을 지지하는 사람들의 시위 모습이다.

(1) (가)의 사람들은 왜 신탁 통치 결정을 반대했을까요? 그 이유를 말해 봅시다.

(2) (나)의 사람들이 모스크바 3국 외상 회의의 결정을 지지한 이유는 무엇인지 말해 봅시다.

(3) (가), (나)의 모습을 통해 당시 사회가 어떠했는지 아래에 적어 봅시다.

> "마음속의 38도선이 무너지고야 땅 위의 38도선도 철폐될 수 있다. …… 나의 유일한 염원은 3천만 동포와 손을 잡고 통일된 조국, 독립된 조국의 건설을 위하여 공동 분투하는 것뿐이다. …… 나는 통일된 조국을 건설하려다 38도선을 베고 쓰러질지언정 일신에 구차한 안일을 취하여 단독 정부를 세우는 데는 협력하지 아니하겠다."
>
> - 김구, '삼천 만 동포에게 읍고함' -

(4) 위 글의 주장은 무엇인지 아래에 적어 봅시다.

도움 자료

● **지도 시 유의사항**

- 대한민국 정부 수립 과정을 설명할 때 좌익이나 우익 중 어느 한쪽의 입장에서만 설명하지 않도록 한다.
- 대한민국이 대한민국 임시 정부를 계승한 국가임을 강조한다.
- 통일 정부 수립 노력을 강조하되, 어느 특정 인물만을 지나치게 강조하거나 비난하지 않도록 한다.

심화자료

1. 38도선

제2차 세계 대전 말기 소련의 대일 참전(1945.8.9.)과 청진 상륙, 일본의 무조건 항복(1945.8.15.)이라는 전세의 급격한 전개를 맞이한 미국은 소련이 한반도 전체를 점령할 것을 걱정하여 한반도 분할 점령을 제안하였고, 소련이 이를 받아들였다. 맥아더는 일반 명령 1호에 의거, 북위 38도선을 확정하였다. 북위 38도선의 설정은 한반도의 군사적 점령과 일본군의 무장 해제라는 전략을 동시에 달성하기 위해 가능한 북상하여 항복을 받으려는 정치적 희망과 미군이 당도할 수 있는 명백한 능력의 한계 사이에서 조화를 이루려는 것이었다. 한반도 분할론은 한국을 식민지로 만들기 위해 경쟁하였던 러시아에 의해 러·일 전쟁 직전에 제기되기도 하였는데, 식민지에서 해방되었을 때 미국과 소련에 의해 현실이 되었다. 미·소 양국은 이미 유럽에서 독일을 분할 점령한 경험을 가지고 있었지만, 일본이 아닌 한반도를 분할한 것은 식민지 약소국의 처지보다는 강대국의 이해를 앞세운 조치였다.

2. 모스크바 3국 외상 회의 결정 사항

모스크바 3국 외상 회의 결정안은 신탁 통치안을 주요 내용으로 한 미국 측의 안에 대하여 임시 민주 정부 수립을 중심으로 한 소련 측의 수정안이 제시되면서 채택되었다. 그러나 12월 27일자 『동아일보』에는 “소련이 신탁 통치를 주장하였고, 미국은 즉시 독립을 주장했다.”고 보도되었다. 이 보도는 모스크바 3국 외상 회의 결정안이 공식 발표된 28일 이전에 보도된 데다 합의 사항 전체에 관한 보도가 아니라 특정 부분을 아무 설명 없이 부각시킨 왜곡 보도로, 결정 사항에 대한 부정적 인식을 유도하는 결과를 초래하였다. 며칠 뒤 공식 발표 내용이 언론에 소개되었지만 이미 우익과 이를 따르는 대중의 감정은 격앙된 상태였다. 12월 28일 김구 측은 3국 외상 결정안을 ‘신탁 통치 결정’으로 규정하고 반탁 운동을 선포하였다. 반면 좌익은 3국 외상 결정안에 대해 ‘총체적 지지’를 선언하였다.

3. 5·10 총선거

1948년 2월 26일 국제 연합 소총회 결의에 의해 치러진 5·10 총선거는 성별과 신앙을 묻지 않고 21세 이상의 성인에게 동등한 투표권이 주어진 남한 역사상 최초의 보통 선거였다. 하지만 김구와 김규식 등은 선거 참여를 거부하며 남북 협상을 추진하였고, 제주도에서는 제주 4·3 사건으로 2개의 선거구가 무효화되었다. 높은 문맹률로 인해 후보자를 아라비아 숫자가 아닌 막대기 숫자로 표시하였다. 선거는 유권자의 약 95.5%가 투표에 참여하여 임기 2년의 제헌 국회위원 198명이 선출되었다. 선거 결과 무소속이 85석으로 가장 많았고, 대한독립촉성국민회가 55석, 한국 민주당이 29석을 차지하였다.

4. 남북 협상

국제 연합(UN) 소총회에서 남한만의 단독 선거가 결정되자 김구와 김규식은 북한의 김일성과 김두봉에게 편지를 보냈다. 이에 북한은 4월 평양에서 남북 지도자 연석회의를 개최하자고 제안하였다. 마침내 1948년 4월 19일 평양 모란봉 극장에서는 ‘남북 조선 제정당 사회 단체 대표자 연석회의’가 열렸고, 김구와 김규식이 참가하였다. 그리고 4월 30일에 ‘미·소 양군 철수, 내전 방지, 남한만의 단독 선거 반대’ 등이 포함된 ‘남북 조선 제정당 사회 단체 공동성명서’가 발표되었다.

참고자료

서중석(2020), 『사진과 그림으로 보는 한국현대사』, 웅진지식하우스.

박찬승(2014), 『한국 근현대사를 읽는다』, 경인문화사.

6 6·25 전쟁과 남북 관계

교재 40-43쪽

이 차시의 목표는 6·25 전쟁의 전개 과정과 정전 협정 이후 남북 관계의 변화를 파악하는 것이다. 이를 위해 북한군의 남침부터 정전 협정 체결까지 6·25 전쟁의 전개 과정과 평화 통일을 위한 남북한의 노력에 대한 내용을 학습한다.

단계		교수학습활동	교수 자료	시간
도입	생각해보기	● **이산가족의 날 국가기념일 지정 기념 전시 포스터 살펴보기** 이산가족은 왜 생겼을까요? 이산가족의 날을 국가기념일로 지정하게 된 배경은 무엇일까요?	(PPT #1-3)	4분
	학습목표	● **학습목표 제시** 1. 6·25 전쟁의 전개 과정을 설명할 수 있다. 2. 정전 협정 이후 남북 관계의 변화 과정을 설명할 수 있다. ● **이번 차시와 관련된 교재의 단원 확인하기**	(PPT #4)	1분
전개	주제1 (강의)	● **북한군의 남침으로 시작된 6·25 전쟁의 전개 과정 파악하기** 북한군이 기습 남침함으로써 6·25 전쟁이 발발하였습니다. 이후 전쟁은 어떻게 전개되었을까요? ● **정전 협정의 체결 과정 살펴보기** 1·4 후퇴 이후 6·25 전쟁은 38도선 부근에서 서로 밀고 밀리는 상황이 이어졌습니다. 이러한 상황에서 전개된 정전 협상은 어떻게 되었을까요?	(PPT #5-7)	10분
	알아두면 좋아요 1	● **6·25 전쟁과 관련된 음식 소개하기** 부대찌개라는 음식 먹어 보았나요? 이 음식의 유래에 대해 살펴보겠습니다. 6·25 전쟁 때 북한에서 많은 피란민들이 내려오면서 북한 음식도 남한 지역에 소개되었습니다. 이중 대표적인 북한 음식에 대해 알아볼까요?	(PPT #8)	5분
	주제2 (강의)	● **평화 통일을 위한 남북한의 노력 살펴보기** 평화 통일을 위해 남북한 여러 노력을 기울였습니다. 대표적인 것이 1972년 7·4 남북 공동 성명입니다. 이후 노태우 정부 때 이루어진 통일 노력에 대해 알아볼까요? ● **남북 정상 회담의 의미 파악하기** 김대중 정부 시기에 한국은 북한과 최초로 남북 정상 회담을 개최하였습니다. 당시 발표된 6·15 남북 공동 성명의 내용에는 어떤 것들이 있을까요? 이후 노무현 정부, 문재인 정부 시기에 있었던 통일 노력에 대해 살펴봅시다.	(PPT #9-11)	10분
	알아두면 좋아요 2	● **판문점의 변화 알아보기** 판문점은 한반도 분단을 상징하는 장소입니다. 그러나 점차 한반도의 화해와 평화의 상징으로 거듭나고 있습니다. 이처럼 판문점의 성격이 바뀌게 된 이유는 무엇일까요?	(PPT #12)	5분
정리	정리하기	**주요 내용 정리**	(PPT #13-14)	5분
	이야기 나누기	● **스포츠로 하나 된 남북에 대해 알아보기** 남한과 북한의 스포츠 교류에 대해 보거나 들었던 경험을 이야기해 봅시다. 이외에 남한과 북한이 교류하고 협력할 수 있는 분야에는 어떤 것이 있을지 이야기해 봅시다. ● **다음 차시 예고**	(PPT #15)	10분

학습 내용 정리

01 북한군의 남침

1 북한군 남침(1950. 6. 25.): 북한군 서울 점령 → 유엔군 참전과 낙동강 방어선

2 국군과 유엔군의 반격: 국군·유엔군의 인천 상륙 작전(1950. 9.) → 서울 수복과 38도선 돌파 → 압록강까지 진격

3 중국군 개입: 중국군의 참전(1950. 10.) → 국군·유엔군 후퇴와 흥남 철수 작전 → 서울 함락(1·4 후퇴)

02 정전 협정 체결

1 국군과 유엔군의 반격: 서울 재탈환 → 38도선 부근에서 밀고 밀리는 상태 이어짐

2 정전 협상: 소련군의 제의로 정전 협상 시작 → 2년여 동안이나 지루한 협상이 이어짐 → 정전 협정 체결(1953. 7.)

03 평화 통일을 위한 남북한의 노력

1 1970년대: 박정희 정부 시기에 7·4 남북 공동 성명(자주·평화·민족 대단결의 3대 원칙에 합의) 발표

2 1990년대: 노태우 정부 시기에 남북한 동시 국제 연합 가입, 남북 기본 합의서 발표, 한반도 비핵화 공동 선언

04 남북 정상 회담 개최

1 제1차 남북 정상 회담(2000): 6·15 남북 공동 선언(김대중 정부)

2 제2차 남북 정상 회담(2007): 10·4 남북 공동 선언(노무현 정부)

3 제3차 남북 정상 회담(2018): 4·27 판문점 선언 등(문재인 정부)

이야기 나누기 예시 답안

1990년에 남북한의 축구 국가대표끼리 서울과 평양을 오가면서 남북 통일 축구대회를 했다는 이야기를 들었어요. 한편, 이산가족 상봉이 이벤트로 가끔 이루어지는 것이 아니라 판문점에 이산가족을 위한 시설을 마련하고, 이곳에서 이산가족이 원할 때는 언제든 만나게 해 주어야 한다고 생각해요. 올림픽이나 국제 경기, 학술 대회 등에 남북한이 동시에 참여하는 것도 고려해 볼 필요가 있어요. 또한 남북한 표준어를 제정하여 언어가 크게 다른 것은 통일시켜 줄 필요가 있다고 생각해요.

본문 용어 해설

피난	재난을 피하여 있는 곳을 옮겨감
정전	전쟁 중인 나라들이 서로의 합의에 의해 일시적으로 전투를 중단하는 일
판문점	남북한의 비무장지대에 있으며 주로 회담이 개최되는 건물을 포함한 그 주변의 장소
금강산	한반도 북부, 태백산맥 북쪽에 솟아있는 세계적으로 이름난 산
이산가족	남북 분단 등의 사정으로 본의 아니게 서로 흩어져 만날 수 없게 되거나 소식을 모르는 가족
한반도기	남북한 국제 스포츠 대회 공동 입장과 단일팀 구성을 위해 제작한 단일기. 흰색 바탕에 하늘색으로 한반도 지도가 그려져 있음

역사적 사건과 관련된 음식 알아보기

※ 다음은 한국의 역사적 사건과 관련된 음식을 정리한 표입니다. 이처럼 자신의 고향 나라에서 있었던 역사적 사건과 이와 관련된 음식을 소개해 봅시다.

사건	내용	관련 음식
고려 시대 몽골의 간섭 및 교류	고려는 몽골과 40년 동안 전쟁을 전개하였고, 그 결과 강화를 맺고 독립을 유지하면서도 몽골의 간섭을 받았다.	설렁탕, 소주
6·25 전쟁	북한이 대한민국을 침략하면서 3년 간의 전쟁이 벌어졌다. 전쟁 중에 미군이 중심이 된 유엔군이 대한민국을 돕기 위해 참전하였다.	부대찌개, 밀면
(가)		
(나)		

(1) (가), (나)에 들어갈 내용을 쓰고, 학급 학생들에게 설명해 봅시다.

(2) 전쟁이 가져오는 피해에 대해 생각해 보고, 평화를 위해 할 수 있는 일에 대해 이야기를 나눠 봅시다.

도움 자료

- **6·25 전쟁 당시 만들어진 주먹밥**
  6·25 전쟁 당시는 아주 위급한 상황이었으며 먹을 식량도 부족하였다. 그래서 밥을 주먹만하게 만들고 소금을 약간 넣은 주먹밥을 먹기도 하였다.
- **지도시 유의 사항**
  전쟁이 지나치게 가볍게 여겨지지 않도록 지도한다. 전쟁의 참상에 대해 설명하고, 평화를 유지해야 하는 이유에 대해서도 이야기를 나누도록 한다.

심화자료

1. 냉전

무력 이외의 모든 수단을 동원하여 이루어지는 대립 상태 및 그로 인한 긴장 상태를 뜻한다. 열전(熱戰)에 대응하는 말로, 미국의 정치 평론가 리프만이 논문 제목으로 사용한 이래 세계적으로 널리 쓰였다. 제2차 세계 대전 후 사회주의 진영의 성립, 진전된 민족 해방 운동과 독립, 자본주의 국가 내에서의 혁명적 세력 성장 등에 위기를 느낀 미국을 중심으로 한 자본주의 국가들의 공산주의 세력에 대한 봉쇄·반혁명 정책과 그에 대응한 사회주의 국가들의 대항 정책을 일컫는다.

1947년 유럽 자본주의 국가들의 경제 부흥, 독일 및 한국의 통일 문제를 계기로 표면화되었다. 제2차 세계 대전 중 미·소 협력 관계는 파괴되고, 미·소 중심의 동서 양 진영이 외교·군사·경제 면에서 첨예한 대립을 벌였으며, 미국에서는 매카시즘(McCarthyism)이 등장하게 되었다. 그 과정에서 독일과 한국은 분단되었고, 북대서양 조약 기구(NATO)·동남아시아 조약 기구(SEATO)·바르샤바 조약 기구 등 군사 동맹·군사 기지 체계가 전 세계적으로 이루어짐으로써 세계적인 냉전 구조가 자리 잡게 되었다.

2. 정전 협정문

국제 연합군 총사령관을 일방으로 하고 조선 인민군 최고 사령관 및 중국 인민 지원군 사령원을 다른 일방으로 하는 하기의 서명자들은 쌍방에 막대한 고통과 유혈을 초래한 한국 충돌을 정지시키기 위하여 서로 최후적인 평화적 해결이 달성될 때까지 한국에서의 적대 행위와 일체 무력 행위의 완전한 정지를 보장하는 정전을 확립할 목적으로 하기 조항에 기재된 정전 조건과 규정을 접수하며 또 그 제약과 통제를 받는 데 개별적으로나 공동으로나 또는 상호 간에 동의한다.

정전 협정은 정전 회담이 시작된 지 2년 1개월 만에 유엔군과 북한군, 중국군 사이에 체결되었다. 한국군 작전 통제권을 가지고 있지 않았던 대한민국 대통령 이승만에게는 서명할 권한이 주어지지 않았다.

3. 남북 기본 합의서

제1조 남과 북은 서로 상대방의 체제를 인정하고 존중한다.

제4조 남과 북은 상대방을 파괴·전복하려는 일체 행위를 하지 아니한다.

제9조 남과 북은 상대방에 대하여 무력을 사용하지 않으며 상대방을 무력으로 침략하지 아니한다.

제15조 남과 북은 민족 경제의 통일적이며 균형적인 발전과 민족 전체의 복리 향상을 도모하기 위하여 자원의 공동 개발, 민족 내부 교류로서의 물자 교류, 합작 투자 등 경제 교류와 협력을 실시한다.

노태우 정부는 공산권 국가들과 수교를 맺는 등 북방 외교 정책을 추진하였는데, 이 과정에서 여러 차례 남북 고위급 회담을 가졌다. 이에 1991년 남북한은 제5차 남북 고위급 회담에서 남북한 상호 체제 인정, 내정 불간섭, 무력 사용 금지 등의 내용에 합의하였다.

4. 제1차 남북 정상 회담

2000년 6월 김대중 대통령과 김정일 국방 위원장은 평양에서 남북 정상 회담을 개최하고 6·15 남북 공동 선언을 발표하였다. 이 선언에서 남한과 북한은 통일 문제의 자주적 해결, 1국가 2체제의 통일 방안 협의, 이산가족 문제의 빠른 해결, 경제 협력, 남북 간 교류의 활성화 등을 합의하였다. 북한은 일본, 미국과도 화해 분위기를 유지하며 국교 정상화 교섭에 나섰다. 김정일의 조기 서울 방문도 예견되었으나 국제 정세의 급변 등으로 실현되지 않았다.

참고자료

한국사사전편찬회(2005), 『한국 근현대사 사전』, 가람기획.

국가 기록원 누리집 www.archives.go.kr

7 민주주의의 발전

교재 44-47쪽

이 차시의 목표는 한국 민주주의의 발전 과정과 한국에서 민주적 절차와 제도가 성립된 배경을 이해하는 것이다. 이를 위해 4·19 혁명, 5·16 군사 정변, 유신 체제의 성립과 민주주의의 억압, 5·18 민주화 운동, 6월 민주 항쟁에 대한 내용을 학습한다.

단계		교수학습활동	교수 자료	시간
도입	생각해보기	● **① 1960년 4·19 혁명, ② 1980년 5·18 민주화 운동, ③ 1987년 6월 민주 항쟁 당시의 상황이 나타나 있는 사진 살펴보기** 플래카드에 씌어있는 내용은 무엇을 의미할까요? 사진 속의 사람들이 추구했던 공통의 목표는 무엇이었을까요?	(PPT #1-3)	4분
	학습목표	● **학습목표 제시** 1. 한국 민주주의의 발전 과정을 설명할 수 있다. 2. 한국의 민주적 절차와 제도가 성립된 배경을 이해할 수 있다. ● **이번 차시와 관련된 교재의 단원 확인하기**	(PPT #4)	1분
전개	주제1 (강의)	● **4·19 혁명과 5·16 군사 정변 파악하기** 이승만 대통령은 오랫동안 권력을 유지하기 위해 부정 선거를 했어요. 이에 맞서 한국 국민들은 어떻게 저항했을까요? 또한 일부 군인들이 주도한 군사 정변이 일어났습니다. 이후에 전개된 상황을 살펴봅시다. ● **유신 체제의 성립과 민주주의 억압 살펴보기** 박정희 정부는 경제를 발전시켰다는 긍정적인 평가도 받고 있지만, 한국의 민주주의를 후퇴시켰다는 부정적인 평가도 받고 있습니다. 그 이유는 무엇일까요?	(PPT #5-7)	10분
	알아두면 좋아요 1	● **4·19 혁명 당시 초등학생의 활동 소개하기** 4·19 혁명 당시 일부 초등학생들도 시위에 참여하였습니다. 그들은 왜 시위에 참여했을까요? 당시 초등학생들의 활동에 대해 알아봅시다.	(PPT #8)	5분
	주제2 (강의)	● **5·18 민주화 운동 알아보기** 1979년 정치적 야심을 지닌 일부 군인들이 정치 권력을 장악하고, 민주화 운동을 억압했습니다. 이러한 상황에서 5·18 민주화 운동이 일어났습니다. 5·18 민주화 운동의 배경과 전개 과정, 그리고 그 영향에 대해 알아봅시다. ● **6월 민주 항쟁 살펴보기** 1987년에 한 대학생이 경찰의 조사를 받다가 죽는 일이 일어났습니다. 또한 전두환 정부는 당시 헌법대로 대통령을 간접 선거로 뽑겠다고 발표했습니다. 이에 맞서 한국의 국민들은 어떻게 대응했을까요?	(PPT #9-11)	10분
	알아두면 좋아요 2	● **5·18 민주화 운동을 기록한 여고생의 일기 살펴보기** 5·18 민주화 운동 당시 광주의 어느 여고생이 군인들의 무자비한 시위 진압과 이에 맞서 시민들이 총을 들 수밖에 없었던 이유를 일기로 남겼습니다. 그 내용을 함께 알아봅시다.	(PPT #12)	5분
정리	정리하기	**주요 내용 정리**	(PPT #13-14)	5분
	이야기 나누기	● **국민의 대표를 뽑는 헌법의 개정 살펴보기** 헌법의 어떤 내용이 바뀌었는지 찾아보고 이러한 변화는 민주주의 발전에 어떤 영향을 줄 것으로 생각되는지 이야기해 봅시다. 또한 자신의 고향 나라에서 나라의 정치 지도자를 뽑는 방식과 어떤 점이 같고 다른지 이야기해 봅시다. ● **다음 차시 예고**	(PPT #15)	10분

학습 내용 정리

01 4·19 혁명과 5·16 군사 정변

1 배경: 이승만 정부의 독재, 1960년의 부정 선거

2 과정: 부정 선거 규탄 시위 → 초등학생에서 대학교 교수단에 이르기까지 전국에서 대규모 시위 전개 → 이승만 대통령이 물러남

3 장면 정부 수립: 4·19 혁명 이후 선거를 통해 장면 정부 수립

4 5·16 군사 정변: 박정희 등 일부 군인들이 무력으로 정권 장악(1961)

02 유신 체제의 성립과 민주주의 억압

1 경제 발전: 박정희 정부가 경제 개발 5개년 계획 추진, 포항 제철소, 경부 고속 국도 건립

2 유신 체제 성립: 유신 헌법 발표(1972) → 대통령에게 입법·행정·사법권이 집중되도록 함, 죽을 때까지 권력 유지가 가능하게 함

3 민주화 운동: 유신 체제에 맞서 국민들이 민주화 운동 전개

4 유신 체제 종결: 박정희 대통령의 암살로 유신 체제가 끝나게 됨

03 5·18 민주화 운동

1 신군부의 등장: 전두환 등 일부 군인들이 권력 장악, 민주화 운동 탄압

2 5·18 민주화 운동: 전두환 등 일부 군인들의 민주화 탄압에 맞서 광주 학생·시민 등이 5·18 민주화 운동 전개 → 전두환 등 일부 군인들이 군대를 보내 무력으로 진압

04 6월 민주 항쟁

1 배경: 대학생이 경찰의 고문으로 죽음, 정부가 대통령을 간접 선거로 선출하겠다고 발표

2 전개: 대통령을 직접 선거로 선출할 것을 요구하는 시위가 전국적으로 확산

3 결과: 전두환 정부가 6·29 민주화 선언 발표 → 헌법 개정을 통해 대통령을 직접 선거로 선출하게 됨, 대통령의 임기가 5년으로 정해짐

이야기 나누기 예시 답안

6월 민주 항쟁 이전에는 대통령을 국민이 아닌 대통령 선거인단에서 뽑는 간접 선거 방식이었어요. 그러나 6월 민주 항쟁의 결과 헌법이 바뀌면서 국민이 직접 대통령을 선출할 수 있게 되었어요. 6월 민주 항쟁 이전 대통령의 임기는 7년이었는데, 6월 민주 항쟁의 결과 바뀐 헌법에서는 임기가 5년으로 줄어들었어요.

베트남, 중국은 공산주의 국가이기 때문에 국민들의 손으로 직접 국가 통치자를 뽑지 않아요. 그리고 일본은 국회의원만 직접 선거로 뽑고 있어요.

본문 용어 해설

시위	요구 조건을 관철시키기 위해서 많은 사람들이 무리 지어 공개적인 장소에서 자신들의 주장을 폄
정변	반란이나 혁명, 쿠데타 등 비합법적인 수단으로 생긴 정치상의 큰 변동
비상계엄	전쟁 또는 전쟁에 준하는 사태로 사회 질서가 극도로 어지러워진 지역을 군대가 통치할 것을 알리는 명령. 5·18 민주화 운동 당시 비상계엄을 취소할 것을 요구하였음
제철소	철광석을 제련해 철을 만드는 곳
직선제	일반 유권자가 직접 피선거인을 뽑는 선거 제도
유네스코 세계 기록 유산	국제 연합 교육 과학 문화 기구(UNESCO)가 1995년부터 훼손되거나 소멸될 위기에 처한 기록물의 보존과 이용을 위하여 선정한, 가치 있고 귀중한 기록 유산

대한민국의 민주화 운동 살펴보기

※ 다음은 한국의 민주화 운동과 관련된 내용을 정리한 표입니다.

배경	민주화 운동	영향
이승만 정부의 독재, 1960년의 부정 선거	4·19 혁명	이승만 대통령이 물러남, 헌법을 개정한 뒤 선거를 다시 함, 장면 정부 수립
(가)	5·18 민주화 운동	(나)
(다)	6월 민주 항쟁	(라)

(1) (가)~(라)에 들어갈 내용을 써 봅시다.

(2) 자신의 고향 나라에서 있었던 민주화 운동이 있으면 빈 칸에 적고, 학급 학생들에게 소개해 봅시다.

도움 자료

● **5·18 민주화 운동을 소재로 한 영화 소개하기**

▲ 영화 '화려한 휴가' 포스터

'화려한 휴가'는 2007년에 제작된 영화로, 평범한 시민의 시각에서 광주 시민들이 5·18 민주화 운동에 참여하는 계기를 다루고 있다. 주인공인 민우가 택시 기사로 생활하던 일상 중 공수 부대원들의 진압 현장을 목격하게 되고, 시위 도중 동생을 잃은 것이 계기가 되어 시민군에 참여하게 되는 줄거리이다.

2007년에 개봉된 영화 '택시운전사'는 5·18 민주화 운동을 알리기 위해 광주에 잠입한 독일 기자 위르겐 힌츠페터와 그를 태우고 광주로 간 택시 운전사 김사복의 이야기이다. 힌츠페터는 민주화 운동 중인 대학생과 시민들의 도움으로 현장을 생생하게 기록으로 남길 수 있었다.

▲ 영화 '택시운전사' 포스터

심화자료

1. 3·15 마산 시위

1960년 3월 15일 정·부통령 선거 당일에 마산에서 벌어진 시위는 3·15 부정 선거에 대한 최초의 유혈 시위였다. 이날 민주당 마산시 당 임원들은 자유당의 '4할 사전 투표'등에 항의하여 선거 무효를 선언하고 부정 선거를 폭로하여 시위를 벌였다. 이 소식을 들은 수천 명의 시민들은 저녁 7시 30분경부터 개표장 부근에서 2차 시위를 벌였다. 이때 정전이 되면서 경찰의 발포가 시작되었다. 이에 최소 8명이 사망하고 72명이 부상당하였으며, 200여 명이 연행되었다. 이러한 경찰의 발포는 국민들을 더욱 분노하게 만들었다. 3월 16일에는 서울과 부산 등지에서 고등학생들의 시위가 전개되었고, 4월 6일에는 민주당 간부들의 주도로 시위가 전개되기도 하였다. 이에 자유당 정권이 시위의 배후에 공산주의 세력이 개입하였음을 주장하며 시위대를 위협하자 사태가 진정되는 듯한 모습을 보였다. 그러나 1차 발포 때 행방불명되었던 고등학생 김주열의 시체가 4월 11일 눈에 최루탄이 박힌 참혹한 모습으로 마산 앞바다에 떠오르자, 이에 격분한 학생 및 시민들이 재궐기하였다. 그 여파가 전국에 파급되어 마침내 전국적인 부정 선거 규탄 시위로 이어졌다. 이처럼 마산 시위는 4·19 혁명의 도화선이 되었다.

2. 유신 체제 하에서 발표된 정부의 긴급 조치 제1호 (1974)

① 대한민국 헌법을 부정, 반대, 왜곡 또는 비방하는 일체의 행위를 금한다.

② 대한민국 헌법의 개정 또는 폐지를 주장, 발의, 청원하는 일체의 행위를 금한다.

③ 유언비어를 날조, 유포하는 일체의 행위를 금한다.

…

⑤ 이 조치에 위반한 자와 이 조치를 비방한 자는 법관의 영장 없이 체포, 구속, 압수, 수색하며 15년 이하의 징역에 처한다. 이 경우에는 15년 이하의 자격 정지를 병과할 수 있다.

3. 5·18 민주화 운동 기록물, 「어느 여고생의 일기」

"우리는 민주화를 하자는 것이다. 민주화를 위해 싸운 민주인사들을 구속시키다니 이 원통한 일이 또 어디 있는가? 소위 민주주의란 나라가 민주 인사를 죽이다니. 이 같은 일이 세계에 또 어디 있단 말인가?"(5월 22일)

-「주소연 학생의 일기」-

유네스코 세계 기록 유산으로 등재된 '5·18 민주화 운동'관련 기록물에 당시 광주 상황을 담은 한 여고생(주소연 학생)의 일기장이 포함되어 눈길을 끌고 있다. 그의 일기장에는 '광주 항쟁'의 상징인 전남도청에서 봉사 활동을 하며 목격한 상황과 언론 보도를 보며 느낀 생각들이 신문 스크랩과 함께 담겨 있다.

4. 6·29 민주화 선언

첫째, 여야 합의하에 조속히 대통령 직선제 개헌을 하고 새 헌법에 의한 대통령 선거로 88년 2월 평화적 정부 이양을 실현하겠습니다.

둘째, 국민의 올바른 심판을 받을 수 있도록 대통령 선거법을 개정하여야 한다고 봅니다.

셋째, 극소수를 제외한 시국 관련 사범들은 석방되어야 합니다.

6월 29일 전국적으로 시위가 계속되는 가운데 민정당 대표위원이자 차기 대통령 후보로 추대된 노태우는 대통령 직선제 개헌과 김대중 사면 복권 등 민주화 조치를 약속하였다. 이로써 대통령 직선제 개헌이 이루어질 수 있었다. 6·29 민주화 선언으로 야당은 더 이상 저항할 필요가 없어졌다. 반면 급진적 민주화 운동 세력은 항쟁이 단순히 대통령 직선제 쟁취와 초보적 민주화에 머무르는 것에 대해 불만을 가질 수밖에 없었다. 6월 민주 항쟁이 대통령 직선제 개헌으로 귀결되는 과정은 한국의 민주화가 혁명이 아니라 타협적이고 점진적인 방향으로 가는 전환점이 되었다.

참고자료

『한겨레신문』, 2011. 5. 25.

홍석률 외(2018), 『한국 현대사 2』, 푸른역사.

8 사회 변동

교재 48-51쪽

이 차시의 목표는 한국의 저출산·고령화로 나타난 변화와 다문화 사회로 변화하는 모습을 파악하는 것이다. 이를 위해 저출산 현상, 고령화 사회, 다문화 사회로 진입한 한국사회의 특징을 학습한다.

단계		교수학습활동	교수 자료	시간
도입	생각해보기	● **1983년과 2015년에 발표된 가족계획 포스터 살펴보기** 두 포스터는 각각 어떤 내용을 담고 있습니까? 가족계획 포스터의 내용이 바뀌게 된 이유는 무엇일까요?	(PPT #1-3)	4분
	학습목표	● **학습목표 제시** 1. 한국의 저출산·고령화로 나타난 변화에 대해 말할 수 있다. 2. 다문화 사회로의 변화 양상과 발전 모습을 제시할 수 있다. ● **이번 차시와 관련된 교재의 단원 확인하기**	(PPT #4)	1분
전개	주제1 (강의)	● **한국의 저출산 현상 파악하기** 한국사회는 1960년대에는 합계 출산율이 6명을 넘을 정도로 자녀를 많이 나았는데, 최근 2023년에는 0.72명으로 크게 떨어졌습니다. 이처럼 한국의 출산율이 크게 떨어진 이유는 무엇인지 살펴봅시다. ● **한국의 고령화 사회 내용 알아보기** 보건·의료 기술의 발달, 영양·위생 환경의 개선 등 생활수준이 전반적으로 높아지면서 한국사회는 점점 고령화되고 있습니다. 이처럼 고령화 사회가 되면서 나타난 변화와 이와 관련하여 대비할 점에 대해 알아봅시다.	(PPT #5-7)	10분
	알아두면 좋아요 1	● **외국인 계절 근로자 제도 소개하기** 현재 한국의 농촌은 일할 사람이 매우 부족한 상황입니다. 이를 해결하기 위해 단기간 동안 외국인 근로자를 합법적으로 고용할 수 있는 외국인 계절 근로자 제도가 시행되고 있는데, 구체적인 내용을 살펴봅시다.	(PPT #8)	5분
	주제2 (강의)	● **다문화 사회로 진입한 한국사회 알아보기** 한국도 외국인 근로자, 재외동포, 외국인 유학생 등이 증가하면서 빠르게 다문화 사회로 접어들고 있습니다. 한국이 다문화 사회가 되었다는 내용을 구체적으로 살펴봅시다. ● **다문화 사회를 대하는 자세 생각해보기** 다문화 사회로 진입하면서 한국사회에는 어떤 변화들이 나타났을까요? 좀 더 바람직한 방향으로 나아가기 위해 개선할 점에 대해 생각해봅시다.	(PPT #9-11)	10분
	알아두면 좋아요 2	● **당구 여신으로 평가받는 캄보디아댁, 스롱 피아비 선수 소개하기** 캄보디아의 스롱 피아비는 21살이던 2010년 5월, 충북 청주에서 인쇄소를 운영하던 한국인과 결혼했습니다. 이후 그녀가 어떻게 해서 아시아 여자 스리쿠션 당구 대회에서 우승을 거둘 수 있었는지 알아봅시다.	(PPT #12)	5분
정리	정리하기	**주요 내용 정리**	(PPT #13-14)	5분
	이야기 나누기	● **세계인의 날 기념행사 및 다문화축제 알아보기** 세계인의 날 행사에 참여한 경험이 있는지 말해 봅시다. 또한 참여 경험이 없다면 어떤 행사에 참여하고 싶은지 이야기해 봅시다. ● **다음 차시 예고**	(PPT #15)	10분

학습 내용 정리

01 한국의 저출산 현상

1 인구 변화: 1960년대 이후 산업화·도시화로 한국의 인구가 꾸준히 증가 → 최근에는 저출산·고령화, 1인 가구 증가

2 출산율의 변화: 합계 출산율이 6명이 넘음(1960년대) → 산아 제한 운동 전개(1960~1980년대) → 합계 출산율이 0.72명(2023년)

02 한국의 고령화 사회

1 배경: 보건·의료 기술의 발달, 영양·위생 환경의 개선 등 생활수준 향상

2 고령화 사회 진입: 청년층의 인구는 점점 줄고 노년층의 인구는 점점 늘어나는 모습으로 인구의 구성이 바뀌고 있음

3 대비: 경제 성장 둔화에 대한 대비책 필요, 노인 인구가 많은 사회를 새로운 기회로 여기고 이에 적극 대비해야 할 필요가 있음

03 다문화 사회로 진입한 한국사회

1 배경: 세계화 현상으로 서로 다른 문화권에 속한 사람들 간의 이동과 연결이 빨라짐

2 다문화 사회 진입: 한국사회도 외국인 근로자, 국제결혼 이주민, 북한 이탈 주민 등이 증가하면서 다문화 사회로 접어들었음

3 앞으로의 전망: 2030년에는 한국에 체류하는 외국인의 수가 500만 명을 넘어설 것으로 예상됨

04 다문화 사회를 대하는 자세

1 다문화 사회의 특징: 초기에는 국내 산업 현장의 노동자 유입이 대부분, 최근에는 다양한 목적으로 입국

2 다문화 사회의 부정적인 면: 문화적 차이와 의사소통의 어려움 등으로 한국 사회에 적응하는 데 어려움을 겪음, 외국인에 대한 사회적 차별과 편견이 아직 존재함

3 우리의 자세: 다른 문화를 이해하고 존중하는 마음을 가짐, 다문화 구성원들과 소통하는 자세 기름, 다문화적 배경을 가진 사람들의 인권 보호를 위한 법과 제도가 마련·실행되도록 노력해야 함

이야기 나누기 예시 답안

저는 2019년 5월 19일(일) 인천대공원 어울큰마당에서 열린 제12회 세계인의 날 행사에 참여했어요. 주최측에서 마련한 체험부스에서 국가별 전통문화를 즐기고 전통 음식을 먹어봤어요. 이어 기마경찰대 승마 공연과 함께 사이카 체험 및 포토타임도 가졌지요. 오후에는 로봇밴 공연도 보고 그림 그리기 대회에도 참여했어요. 오전 11시에 시작된 행사에 많은 다문화 가정 아이들, 한국인, 외국인들이 참여하여 다양한 활동을 했어요.

본문 용어 해설

고령화 한 사회의 인구 구성에서 노인의 비율이 높은 상태로 됨

합계출산율 임신 가능한 여성(15~49세) 1명이 평생 낳을 것으로 예상되는 평균 출생아 수를 나타낸 지표

다문화 한 나라나 사회 안에 여러 민족의 문화적 요소가 섞여 있는 것

국적 어떤 사람이 한 나라의 구성원이 되는 자격이나 신분

더불어 함께 살아가는 다문화 사회 생각해보기

※ 다음의 글을 읽고, 질문에 답해 봅시다.

요즘 들어 ㉠ 다문화 교육으로 지원받는 부분이 많아진 것은 사실이에요. …… 물질적인 지원도 중요하지만 함께 마음을 나눌 수 있는 진정성도 중요해요. 그리고 ㉡ 다문화를 바라보는 시각도 차이가 있어요. 지금의 다문화라는 말에는 다양한 문화가 아니라 동남아시아나 못사는 나라에서 온 사람들에게 맞춰져 있어요. - 다문화 학생 인터뷰 중에서, 다산인권센터 -

위 글은 다문화를 잘못된 시각으로 바라보는 사회 현실에 대해 어려움을 겪는 학생의 생각이 잘 나타나 있습니다. 2019년 현재 다문화 가족이 100만 명을 훌쩍 넘었고 수많은 외국인이 한국사회의 구성원으로 살아가고 있습니다. 그러나 다문화 가족을 바라보는 사회적 시선은 여전히 한국인이 아닌 다른 나라 사람이라는 인식에 머물러 있는 경우가 많습니다. 모든 인간은 평등하다는 생각을 갖고 다문화 가족과 외국인에 대한 인식을 바꾸기 위해 노력해야 할 것입니다.

(1) ㉠에 해당하는 내용을 말해 봅시다.

(2) ㉡과 관련하여 잘못된 시각과 바람직한 시각에 대해 각각 이야기해 봅시다.

(3) 자신의 고향 나라에서는 다문화 사회 현상에 대해 어떤 정책이나 노력을 펼치고 있는지 소개해 봅시다.

도움 자료

● 다문화 사회 관련 행사 살펴보기

한국에서는 외국인 이주민 축제 한마당이 해마다 전국 각지에서 개최된다. 나라별로 다양한 전통 음식 체험과 전통 의상 퍼레이드, 사진 전시회, 전통 춤 공연과 장기자랑 등 다채로운 행사가 열리고 있다. 특히 외국인 이주민들이 자신의 고향 나라 전통 의상을 입고 고향 나라 국기를 들고 행진하는 퍼레이드는 피부색, 언어, 종교, 국적 등의 이유로 차별 받지 않아야 한다는 의미가 포함되어 있다. 이러한 행사를 자주 개최하여 이주민들이 지역민과 함께 어우러져 공동체를 만들어 나갈 수 있는 공감대가 만들어지도록 노력해야 할 것이다.

심화자료

1. 한국의 저출산 관련 신문 기사

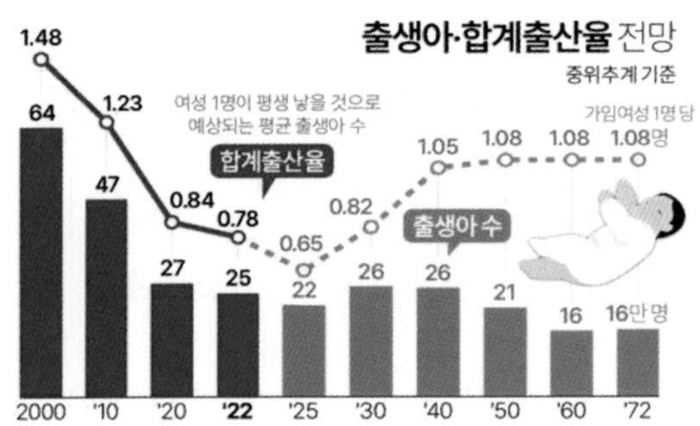

[출처] 통계청

14일 통계청이 발표한 '장래인구 추계(2022~2072년) 결과'에 따르면 2072년 한국 인구는 3622만 명으로 감소할 전망이다. 2022년 인구(5167만 명)의 70%다. 추계대로라면 1977년 인구 수준으로 되돌아간다. (중략) 인구가 줄어드는 건 자녀를 낳지 않아서다. 지난해 합계출산율(0.78명)은 세계 꼴찌다. '중위 추계'에서 출산율은 올해 0.72명에서 내년 0.68명으로 떨어진다. 2025년 출산율이 0.65명으로 '저점'을 찍고 반등한 뒤 2036년 1.02명으로 1명대를 회복한다고 통계청은 내다봤다. (중략) 한국은 2020년 처음 사망자 수가 출생자 수보다 많아져 전년 대비 인구가 자연 감소하는 '데드 크로스(Dead Cross)' 현상을 겪었다. 연간 출생아 수는 2022년 25만 명에서 2072년 16만 명으로 3분의 2토막 날 전망이다. (중략) 대한상공회의소 SGI(지속성장이니셔티브)는 여성의 경제활동 참가와 출산율을 동시에 높이려면 기업의 역할이 중요하다고 강조했다. 특히 기업이 문제 해결에 자발적으로 참여하도록 제도적 기반을 마련하고 인센티브를 제공할 필요가 있다고 강조했다. 다출산 직장 평가를 위한 '인구영향평가지표'를 개발해 결혼·출산 관련 성과가 입증된 기업에는 지속가능성 연계 대출을 통한 금리 인하, 정책자금 지원 등의 혜택을 제공하는 식이다. 조영태 서울대 보건대학원 교수는 "경제가 '저출산 쇼크'로 쓰러지지 않도록 지방대를 구조조정하고(교육), 지자체 행정체계를 통폐합하고(지방), 미래 먹거리 위주로 경제 구조를 재편(산업)하는 등 변화가 불가피하다"고 말했다.

[출처] 중앙일보, 2023. 12. 15.

2. 외국의 고령화 정책

대부분의 경제 협력 개발 기구(OECD) 국가들은 우리보다 먼저 고령화를 경험하고 이에 대한 대책을 준비하였다. 일본의 경우 1989년 골드플랜(고령자 보건복지 10개년 전략)을 수립, 1990년부터 10년간 시행하였다. 또한 고령 사회 대책 기본법 제정, 개호보험 등을 도입·시행하고 있다. 유럽 연합(EU)이나 미국 등 선진국에서도 고령화가 경제와 복지에 미치는 영향 등에 대해 많은 연구를 진행해 오고 있다. 아울러 고령화로 인해 사회보장 재정이 심각한 위기에 처할 것에 대비하여 연금 기여금 및 수급연령을 높이고, 급여율을 낮추면서 근로와 연계하는 연금제도 개혁 등에 많은 노력을 기울이고 있다. 또한, 고령자들이 최대한 일을 할 수 있도록 연령차별금지, 고령자 고용촉진장려금 활성화, 고령자에 대한 재교육, 훈련기회 확대, 임금 피크제 도입 등 고령자 고용증진을 위한 제도 및 고용관행을 개선해 나가고 있다.

3. 다문화 가족의 개념

다문화가족이란 다음의 어느 하나에 해당하는 가족을 말한다(「다문화가족지원법」 제2조 제1호).

- 결혼이민자와 대한민국 국민으로 이루어진 가족
- 「국적법」에 따라 인지 또는 귀화로 대한민국 국적을 취득한 자와 대한민국 국민으로 이루어진 가족
- 대한민국 국민과 사실혼 관계에서 출생한 자녀를 양육하고 있는 다문화가족 구성원에 대해서도 「다문화가족지원법」에 따른 다문화가족 지원 규정이 적용됨(「다문화가족지원법」 제14조).

4. 결혼 이민자의 개념

- '결혼이민자'란 대한민국 국민과 혼인한 적이 있거나 혼인 관계에 있는 재한외국인(대한민국의 국적을 가지지 않은 사람으로서 대한민국에 거주할 목적을 가지고 합법적으로 체류하고 있는 사람)을 말한다(「재한외국인 처우 기본법」 제2조 제3호·제1호).
- '결혼이민자 등'이란 다문화가족의 구성원으로서 결혼이민자와 귀화허가를 받은 사람을 말한다(「다문화가족지원법」 제2조).

참고자료

중앙일보, 2023. 12. 15.
국가기록원 http://www.archives.go.kr
찾기 쉬운 생활 법률 정보 http://easylaw.go.kr

제 3 편

대한민국의 정치와 외교

9. 정치 과정과 시민참여
10. 선거와 정당
11. 외교와 국제관계
12. 남북통일을 위한 노력

9 정치 과정과 시민 참여

교재 58-61쪽

이 차시의 목표는 정치 과정과 시민 참여의 중요성을 설명하고, 다양한 정치 참여 방법을 제시하는 것이다. 이를 위해 정치 과정, 선거와 투표, 시민단체와 이익집단 활동 등을 학습한다.

단계		교수학습활동	교수 자료	시간
도입	생각해보기	● **시민들의 일상생활과 정치에 대해 알아보기** 여러분도 사진과 같은 상황을 경험하거나 본 적이 있나요? 이 사진 중 정치와 관련 없는 사진은 무엇일까요?	(PPT #1-3)	4분
	학습목표	● **학습목표 제시** 1. 정치 과정과 정치 참여의 중요성을 설명할 수 있다. 2. 다양한 정치 참여 방법을 제시할 수 있다. ● **이번 차시와 관련된 교재의 단원 확인하기**	(PPT #4)	1분
전개	주제1 (강의)	● **정치 과정에 대해 설명하기** 정치는 어떤 과정을 통해서 이루어질까요? 개인이나 집단들이 국가의 정책 결정 과정에 관심을 보이며, 정책 결정자들이 이들의 요구를 반영하여 정책을 만들고 시행하는 과정을 일러 정치 과정이라고 합니다. ● **정치 참여와 정치 참여의 중요성에 대해 설명하기** 예전에는 정치 과정이 어떻게 이루어졌을까요? 오늘날에는 어떻게 정치 참여가 달라졌을까요? 오늘날의 정당이나, 이익 집단, 언론, 시민단체 등 민주 국가에서 국민들의 정치 참여는 왜 필요할까요?	(PPT #5-7)	10분
	알아두면 좋아요 1	● **정치 과정 흐름도 소개하기** 민주 사회의 다양한 이익이 표출하여 정당, 언론 등을 통해서 이익의 수렴·조정이 됩니다. 이를 바탕으로 국가 기관에서 정책을 만들고 집행하며 국민은 이 모든 과정을 지켜보며 정책을 평가합니다. 이를 정치 과정이라고 합니다.	(PPT #8)	5분
	주제2 (강의)	● **시민들의 정치 참여 방법에 대해 설명하기** 정치 참여 중에서 가장 기본적인 방법은 무엇일까요? 바로 선거와 투표입니다. 집회나 시위에 참여하고, 국가 기관의 진정이나 청원을 하는 방법 등 다양하게 정치에 참여할 수 있음을 설명한다. ● **바람직한 정치 참여 태도에 대해 설명하기** 국민의 정치 참여가 민주주의의 발전으로 이어지기 위해서는 정치에 어떻게 참여해야 할까요?	(PPT #9-11)	10분
	알아두면 좋아요 2	● **외국인을 위한 단체 소개하기** 외국인을 위한 시민단체, 이익단체 등이 활동하는 모습을 소개한다.	(PPT #12)	5분
정리	정리하기	**주요 내용 정리**	(PPT #13-14)	5분
	이야기 나누기	● **<선거 무관심 심각> 관련 신문을 읽고, 이야기 나누기** 선거에 무관심하게 되면 어떤 일이 생길까요? 정치에 무관심하면 어떤 일이 일어날지 이야기해 봅시다. ● **다음 차시 예고**	(PPT #15)	10분

학습 내용 정리

01 정치 과정

1 개인, 이익 집단, 시민 단체 등 여러 사람이 각자의 요구와 지지를 다양한 방법으로 표출
2 시민의 다양한 요구가 정당, 언론, 선거 등을 통해 몇 개의 대안으로 취합
3 국회, 정부, 법원 등의 국가 기관에서는 여러 대안 중 하나를 선택하여 정책을 결정
4 결정된 정책은 정부를 통해서 집행
5 정책 집행 결과 예상치 못한 문제들이 발생하면 새로운 요구와 지지가 형성

02 정치 참여의 필요성

1 국민들이 정책 결정 과정에 직접 참여함으로써 대의 민주주의를 보완함
2 행정 기관이 본래 세웠던 뜻에 맞게 정책을 실행하도록 함
3 많은 사람들의 다양한 뜻이나 기대를 정책에 반영함

03 정치 참여 방법

1 선거와 투표: 정치 참여 방법 중 가장 기본적인 방법
2 단체나 조직 활용: 시민단체, 이익집단을 통하여 토론회 개최, 캠페인이나 집회 등 다양한 활동
3 개인적 참여: 시위나 집회 참여, 언론 투고, 국가 기관에 진정이나 청원 등
4 바람직한 정치 참여 태도: 주인 의식과 자발적인 태도로 정치에 적극적 참여, 공동의 이익을 생각하는 시각 필요함

참고	시민단체	이익 집단
	환경운동연합, 녹색 소비자 연대, 참여 연대, 청소년 폭력 예방 재단 등	노동조합, 농민단체, 변호사 협회 등

이야기 나누기 예시 답안

- 요즘 한국의 젊은 사람들은 취업이 힘들어서 정치에 관심을 가질 시간이 없는 것 같아요.
- 정치에 무관심하면 국민의 대표가 국민들의 의견을 들을 수 없어서 제대로 정치를 할 수 없어요.

본문 용어 해설

시민단체 시민의 권익과 이익을 보호하기 위해 설립된 것으로 시민들이 주도적으로 운영하고, 정부기관의 간섭이나 압력이 없는 상태에서 시민들이 민주 사회 발전을 위해 활동을 전개하는 단체

이익 집단 이해관계를 같이하는 사람들이 공동의 이익을 실현하기 위해 정부의 정책결정 과정에 영향력을 행사하는 집단을 의미

다양한 정치 참여 방법

1. 다음 사진(그림)을 보고 어떤 정치 참여 방법인지 알아보자.

2. 위의 사진(그림) 외에도 어떤 정치 참여 방법이 있나요?

도움 자료

● 다양한 정치 참여 방법

선거	투표를 통해 공직자나 대표자를 뽑는 의사 결정 절차
투표	선거를 할 때 자신이 지지하는 후보나 공약에 표를 주는 것
단체나 조직 활용	시민단체, 이익집단을 통하여 토론회 개최, 캠페인이나 집회 등 다양한 활동
개인적 참여	시위나 집회 참여, 언론 투고, 국가 기관에 진정이나 청원 등의 활동

심화자료

1. 정치 참여의 효과

국민의 정치 참여는 대의제 정치 제도의 한계점을 보완해주는 역할을 수행한다. 대의제 정치 제도는 간접적으로 국민의 의사를 정치에 반영한 것으로, 정치 참여는 국민의 직접적 의사가 정치에 반영되게 하여 대의제의 한계점을 극복하고 민주주의 정치 원리를 구현할 수 있게 해준다.

정치 참여는 정부를 감시 통제하는 기능을 담당하여 시민의 권리를 보호하고 공익을 증진하여, 정치발언을 달성하는 역할을 수행한다. 이를 통하여 권위주의적 정부, 독재정부의 출현을 예방하고 방지하여 국민의 권리를 보장할 수 있다. 또 정부기관을 통제하여 질 높은 책임행정을 가능하게 하고 정부권력의 독단을 방지하고, 정부의 부정부패 현상을 방지하는 기능을 담당하게 된다.

2. 정치 참여 주체

1) 시민: 시민은 국가와 같은 공동체에서 정치적 권리를 갖는 주체이다. 시민은 정치 과정에 참여하는 가장 기본적이고 중요한 정치 주체이다. 시민은 선거 참여, 단체 가입, 정당 활동, 언론 투고, 집회나 서명 운동 참여 등 다양한 방법을 통해 개인적·집단적으로 정치 과정에 참여한다.

2) 언론: 언론은 신문, 텔레비전, 인터넷 등의 대중 매체를 통해 사회 현상에 대한 시민의 의견이나 정보를 전달하는 주체이다. 언론은 여론 형성에 중요한 역할을 수행한다. 언론은 국민의 의사를 정책 결정자에게 알려 주는 동시에 정부 정책에 대한 정보를 신속하고 정확하게 전달하고, 정책에 대한 해설과 비판을 제공한다. 또한 공정하고 객관적인 보도를 통해 정책이 결정되고 집행되는 과정을 비판하고, 권력을 행사하는 정책 결정자를 감시함으로써 정책이 올바른 방향으로 실현될 수 있도록 한다.

3) 정당: 정당은 정치적인 의견을 같이하는 사람들이 정치권력을 획득할 목적으로 만든 집단이다. 정당은 사회 전체의 이익을 추구하고, 자신의 행동에 정치적 책임을 진다.

4) 이익 집단: 이익 집단은 이해관계를 같이하는 사람들이 자신의 특수한 이익을 실현할 목적으로 만든 집단이다. 이익 집단은 다양한 집단의 이익을 대변하며 정부와 국회에 직접적인 압력을 행사하고, 해당 분야의 전문 지식을 바탕으로 사회 문제의 해결책을 제시하는 등의 역할을 한다.

5) 시민 단체: 시민 단체는 사회 문제를 해결하고, 공동체의 가치를 지켜나가기 위해 시민이 자발적으로 만든 단체이다. 시민 단체는 정책 결정 및 집행 과정을 감시하고 비판하며, 정책의 대안을 제시한다. 또한 시민의 정치 참여를 유도하거나 여론을 형성하고, 사회 문제의 해결책을 제시하는 등의 역할을 한다.

3. 집회 및 시위에서 주의해야 할 점

집회 및 결사의 자유는 헌법에 보장되어 있지만, 많은 사람이 모이는 집단행동의 특성상 공공에 피해를 줄 수 있기 때문에 집회 및 시위의 권리와의 조화를 이루려는 목적으로 「집회 및 시위에 관한 법률」이 제정되었다.

「집회 및 시위에 관한 법률」의 주요 내용으로는 공공의 이익을 침해할 가능성이 있는 지나친 소음 금지, 도로 위에서의 집회 금지, 해가 뜨기 전과 해가 진 뒤의 집회의 금지, 혹시 모를 사고를 예방하기 위한 사전 신고의 의무 등이 있다.

참고자료
국민신문고 www.epeople.go.kr
국민권익위원회 www.acrc.go.kr

10 선거와 정당

교재 62-65쪽

이 차시의 목표는 공정한 선거를 위한 기관과, 제도와 정당의 역할에 대해 설명하는 것이다. 이를 위해 선거의 중요성과 기능, 선거를 위한 기관과 제도, 정당의 의미와 역할을 학습한다.

단계		교수학습활동	교수 자료	시간
도입	생각해보기	● **선거유세 사진을 보며 선거에 대해 이야기 나누기** 한국에서 사진과 같은 모습을 본 적이 있나요? 자신의 고향 나라에서 선거에 참여해 본 적이 있나요?	(PPT #1-3)	4분
	학습 목표	● **학습목표 제시** 1. 공정한 선거를 위한 기관과 제도에 대해 설명할 수 있다. 2. 정당의 의미와 역할을 설명할 수 있다. ● **이번 차시와 관련된 교재의 단원 확인하기**	(PPT #4)	1분
전개	주제1 (강의)	● **선거의 중요성과 기능에 대해 설명하기** 왜 대표자를 뽑아야 할까요? 민주주의 국가에서는 국민이 국가의 주인이지만, 국가의 모든 일을 국민이 직접 결정할 수 없기 때문에 대의 민주주의의 형태를 취함을 설명한다. ● **공정한 선거를 위한 기관과 제도 설명하기** 선거관리위원회를 들어 본 적이 있나요? 선거와 국민투표를 관리하는 중립적인 국가 기관입니다. 또 공정한 선거를 위한 제도인 선거 공영제에 대해 설명한다.	(PPT#5-7)	10분
	알아두면 좋아요 1	● **선거법 위반에 대해 소개하기** 유권자가 위반하는 선거법 관련을 소개하고 주의시킨다.	(PPT #8)	5분
	주제2 (강의)	● **정당의 의미와 종류에 대해 설명하기** 여러분은 ○당, ★당 들어보셨나요? 정치적 견해가 비슷한 사람들이 함께 모여 만든 자발적 단체를 정당이라고 합니다. 여당과 야당의 의미와 제1야당에 대해 설명한다. ● **정당의 역할에 대해 설명하기** 국회와 정부 등에 국민의 뜻을 전달하고 정책을 만드는 등 중요한 역할을 담당하는 정당이 하나만 존재한다면 어떨까요? 하나의 정당만이 존재한다면 국민의 다양한 의견이 국가 운영에 반영되기 어려우며, 정치권력의 독점 우려가 있음을 알려주며 복수정당제가 필요함을 설명한다.	(PPT#9-11)	10분
	알아두면 좋아요 2	● **한국의 정권 교체 역사 소개하기** 15대 대선, 17대 대선, 19대 대선, 20대 대선 사례를 통해 여당에서 야당, 야당에서 여당이 되는 정권 교체에 대해 소개한다.	(PPT #12)	5분
정리	정리하기	**주요 내용 정리**	(PPT #13-14)	5분
	이야기 나누기	● **〈펭수의 투표 참여 독려〉 관련 신문을 읽고, 이야기 나누기** 선거 참여 홍보는 왜 할까요? 자신의 고향 나라의 선거 제도나 문화를 한국과 비교해서 말해 볼까요? ● **다음 차시 예고**	(PPT #15)	10분

학습 내용 정리

01 선거의 중요성과 기능

1 선거의 중요성: 현대 사회에서는 모든 국민이 한자리에 모여 결정을 내릴 수는 없음, 따라서 대표자를 뽑아 나라를 맡기는 대의 민주주의를 채택하고 대의 민주주의를 실현하는 대표적인 방법이 선거임

2 선거의 기능

1) 공식적으로 대표자를 결정

2) 대표자의 권력을 통제

3) 주권을 가진 국민의 이익을 실현

02 공정한 선거를 위한 기관과 제도

1 선거관리위원회: 선거와 국민투표를 관리하는 중립적인 국가 기관으로 선거 운동, 투표, 개표 등을 관리함. 선거법을 위반하는 행위를 단속하고 선거 관련 정보 제공, 투표 참여 홍보 등도 담당함

2 선거 공영제: 선거관리위원회가 선거 과정을 관리하고 국가나 지방자치단체가 선거 비용의 일부를 지원하는 제도로 누구에게나 선거 운동의 기회를 균등하게 보장함

03 정당의 의미와 종류

1 정당의 의미: 비슷한 정치적 의견을 가진 사람들이 정권을 획득하여 정치적 이상을 실현하기 위해 조직한 단체

2 정당의 종류

1) 여당: 정권을 잡고 있는 정당, 대통령이 소속되어 있는 정당

2) 야당: 여당 이외의 모든 정당

3) 제1야당: 야당 중에서 의회 의석수가 가장 많은 정당

04 정당의 역할

1 정당은 정치적 결사로서 국민의 정치적 의사를 적극적으로 형성하고 이익을 대변함

2 정부를 비판하고 정책적 대안을 제시

3 국민의 정치나 국가작용에 영향력을 행사하는 매개체의 역할을 수행하는 등 현대의 대의제 민주주의에 없어서는 안 될 중요한 공적기능을 수행함

이야기 나누기 예시 답안

- 인기 많은 연예인이 선거 참여 홍보를 하면 그 스타를 좋아하는 사람은 선거에 꼭 참여할 것 같아요.
- 저희 고향에서는 한국과 달리 투표를 하지 않으면 벌금을 내게 하기도 해요.
- 한국과 저희 고향은 선거할 수 있는 나이가 달라요.

본문 용어 해설

피선거권과 선거권 피선거권은 공직선거의 후보자로 나설 수 있는 국민의 권리를 말하며, 선거권은 선거에 참여하여 투표할 수 있는 권리를 말한다.

※ 피선거권: 대통령 선거-선거일 현재 5년 이상 국내거주자(40세 이상), 국회의원 선거-거주 제한 없음(25세 이상), 지방선거-선거일 현재 계속하여 60일 이상 당해 지방자치단체의 관할 구역 안에 주민등록이 된 자(25세 이상)

대표를 뽑는 기준

1. 지역이나 국가의 대표를 뽑을 때 생각해야 할 기준에는 어떤 것들이 있을까요? 적어 봅시다.

기준	이유
1.	
2.	
3.	
4.	

2. 만약 우리 교실의 대표를 뽑는다면 어떤 기준을 가지고 뽑고 싶나요? 그 이유도 함께 적어 봅시다.

우리 교실 대표를 뽑는 기준	그렇게 생각한 이유

도움 자료

● 아래 기준들 중에 대표를 뽑는 적절하지 않은 기준이 있는지 살펴보고, 있다면 그 기준이 왜 적절하지 않은지 이야기해 봅시다.

성실성	공약
재산	정직성
외모	책임감

심화자료

1. 기표 도구의 역사

투표소에서 기표할 때에는 반드시 정해진 기표도구를 이용하여야 한다. 그동안 한국 역사에서 다양한 기표용구가 사용되었다. 1967년 중앙선거관리위원회는 붓대, 탄피와 같이 원형의 구멍이 크고 확실한 도구를 이용할 것을 지시하였는데, 이처럼 1970년대까지는 적절한 도구가 없어 '원형'이 찍힐 수 있는 도구라면 아무거나 이용하기도 하였다.

1970년대 이후에는 지금의 볼펜과 같은 모양의 원형 기표도구를 이용하기도 하였는데, 지금과는 달리 도장을 찍을 때 사용하는 인주를 직접 묻혀 찍어야 하는 방식이었기에 종이가 접혀 '원형'으로 기표된 도장이 반대편에도 묻는 경우, 누구를 찍었는지 알 수 없게 되는 경우도 많았다고 한다. 그래서 1992년 제14대 대통령선거부터는 사람 인(人)자가 새겨진 기표 도구를 사용하였으나, 사람 인자 역시 대칭 모양이어서 기표지가 접혀서 중복되어 인주가 묻은 경우 어떤 후보자에게 기표하였는지 알아 볼 수 없었고, ㅅ(시옷) 모양이어서 당시 대통령 후보자였던 '김영삼'후보의 이름을 연상시킨다는 비판을 받아야만 했다. 그리하여 1994년에는 지금 우리가 투표 시 사용하는 기표 도구가 등장하였는데, 바로 '점 복(卜)자가 새겨진 도구였다. 점 복자는 대칭이 아니므로, 투표용지가 접혀도 원래 어떤 후보자에게 기표하였는지 구분할 수 있게 되었다.

2. 여당과 야당의 구분

여(與: 같은 편 또는 한패)당과 야당(재야정당의 줄임말)의 구분은 정부 형태에 따라 상이하다. 의원내각제에서는 국회(양원제에서는 하원)의 정당별 의석수가 기준이 되어 다수 의석을 차지한 정당이 여당이 되고, 소수의석의 정당이 야당이 된다. 대통령 중심제에서는 대통령을 배출한 정당이 여당이고, 그렇지 못한 정당이 야당이며, 국회의원의 선거 결과와는 아무런 관련이 없다. 따라서 여당이 반드시 다수당이 된다는 보장은 없으며, 여당이 소수당이 될 경우, 정치적 불안이 조성될 수도 있다.

3. 복수정당제

단일정당제의 강요나 정당설립의 제한을 인정하지 않는 정당 제도를 말한다. 오늘날 다원주의는 자유법치국가적 민주정치의 구성요소로 되고 있다. 따라서 국가정당제도나 단일정당제도는 민주적 기본질서에 위배된다. 정당결성의 자유는 민주주의 국가에서는 정치적 기본질서의 하나에 속하기 때문에 2개 정당만을 인정하는 제도라기보다 단일정당제를 부인하는 제도라는 데 그 의의가 있다.

다수정당제만이 정치과정의 공개성과 의견의 다양성, 정권의 평화적 교체의 가능성을 보장하고 있다. 따라서 야당의 활동의 자유가 보장되는 복수정당제야말로 민주적 기본질서의 중요한 요소가 되고 있다. 우리 헌법은 제8조에서 복수정당제를 보장하고 정당 활동의 자유를 보장하고 있다.

4. 선거 순서

1) 선거인 명부 작성: 선거구별로 유권자의 수를 집계하여 유권자들을 기록해 둔 장부이다. 유권자란 투표권이 있는 사람을 뜻한다. 선거인 명부 작성은 부정투표를 방지하기 위해 하는 것이다.
2) 후보자 등록: 선거에 출마하고자 하는 사람이 선거관리위원회에 후보로 등록하는 것이다.
3) 선거운동: 유권자들에게 자신의 공약을 홍보하고 자신에게 투표해 줄 것을 설득하는 과정이다.
4) 투표: 유권자들이 자신의 의견을 대변해 줄 수 있는 후보자를 선택한다는 의사표시를 투표용지에 한다.
5) 개표 및 당선인 결정: 후보자들의 표수를 계산해 가장 많은 득표를 한 후보자를 당선인으로 결정한다.
6) 당선증 발급: 당선인에게 당선되었음을 알리고 앞으로 대표자로서 책임감을 가지고 직무에 임할 것을 다짐받는다.

참고자료
중앙선거관리위원회 www.nec.go.kr

11 외교와 국제관계

교재 66-69쪽

이 차시의 목표는 국제사회와 교류하는 한국의 역할과 주변국과의 관계에 대해 설명하는 것이다. 이를 위해 해외파병, 국제기구에 활약하는 한국인과, 한국과 주변국, 아세안, 유럽연합 등 관계에 대해 학습한다.

단계		교수학습활동	교수 자료	시간
도입	생각해보기	● **세계지도를 보며 국가 간의 관계 생각해보기** 세계지도 위에 자신의 고향 나라를 표시해 봅시다. 한국과 본인의 고향 나라의 관계는 어떻게 변화해 왔나요?	(PPT #1-3)	4분
	학습 목표	● **학습목표 제시** 1. 국제사회와 교류하는 한국의 역할을 이해할 수 있다. 2. 한국과 주변과의 국제 관계를 설명할 수 있다. ● **이번 차시와 관련된 교재의 단원 확인하기**	(PPT #4)	1분
전개	주제1 (강의)	● **국제사회와 외교 설명하기** 외교라는 말을 들어 본 적 있나요? 세계화의 영향으로 국제사회와의 협력과 교류, 외교의 중요성이 커지고 있습니다. 외교는 다양하게 이루어짐을 알려준다. ● **해외로 진출하는 한국 알려주기** 최근 태양의 후예라는 드라마를 본 적이 있나요? 드라마에서 뿐만 아니라 한국 국군은 현재 해외파병을 통해 평화유지군 활동을 수행하고 있습니다. ● **국제기구에서 활약하는 한국인 소개하기** 국제 연합(UN), 세계보건기구(WTO), 인터폴(INTERPOL), 기후변화 정부 간 협의체(IPCC) 등의 국제기구의 수장 및 중요한 직위를 수행하는 한국인이 늘고 있음을 알려준다.	(PPT #5-7)	10분
	알아두면 좋아요 1	● **세계 5대 스포츠 대회를 모두 개최한 한국에 대해 소개하기** 1988년 서울올림픽, 2018년 평창올림픽, 2002년 한·일 월드컵 축구 대회, 2011년 세계 육상 선수권대회 등 세계에서 세계 5대 스포츠대회를 모두 개최한 4번째 나라임을 소개한다.	(PPT #8)	5분
	주제2 (강의)	● **한국과 주변과의 국제 관계에 대해 설명하기** 중국, 일본, 동남아시아 국가 연합인 ASEAN(아세안)에 대해 소개하며 ASEAN국가와의 교류 또한 많아지고 있으며 협력의 중요성도 높아지고 있음을 알려준다. 미국, 러시아, EU(유럽연합)과의 관계도 설명한다. 한국은 EU와 정치·경제·안보 3대 분야 협정을 모두 체결한 최초의 국가임을 알려준다.	(PPT #9-11)	15분
정리	정리하기	**주요 내용 정리**	(PPT #12)	5분
	이야기 나누기	● **<이제는 '스타 외교관'> 관련 신문을 읽고, 이야기 나누기** 여러분 고향 나라에 한국의 외교관으로 보내고 싶은 유명인은 누군가요? 그 이유를 말해봅시다. ● **다음 차시 예고**	(PPT #13)	5분

학습 내용 정리

01 국제사회에서 한국의 역할

1 국제 사회와 외교: 한 국가가 자기 나라의 이익을 달성하기 위해 국제 사회에 펼치는 대외 활동

2 해외로 진출하는 한국

1) 기업의 해외 진출: 미국, 중국, 동남아시아 지역에 대한 기업의 투자가 많은 편임

2) 해외파병: 해외파병을 통해 평화유지군 활동 수행(평화 유지, 국가 재건, 건설 지원, 의료 지원 등의 활동함)

3) 국제기구에서 활약하는 한국인

- 반기문: 아시아인 최초로 유엔 사무총장 취임
- 이종욱: 세계보건기구(WTO) 사무총장
- 인터폴 김종양 총재, 기후변화 정부 간 협의체 이회성 의장

02 한국과 관계 깊은 주변 국가

1 중국: 오래 전부터 유교, 불교, 한자, 무역 등을 통해 한국과 서로 많은 영향을 주고 받음

2 일본: 과거 식민지 시절이 있었으나 현재 경제적, 문화적으로 밀접하게 교류함, 일본군 '위안부' 문제 등의 역사가 남아있어 이를 해결하기 위해 노력함

3 ASEAN(동남아시아국가연합): 한·아세안 특별정상회의를 부산에서 개최하였고, 신남방정책으로 아세안 국가와의 협력의 중요성이 높아짐

4 미국, 러시아: 미국은 군사적으로 긴밀한 관계를 맺고 있으며, 러시아는 6·25전쟁 당시 북한을 지원하여 교류하지 않았으나 최근에 외교 관계를 통해 교류와 협력이 활성화 되고 있음

5 EU(유럽연합): 한국은 국제사회에서 EU와 3대 주요협정을 모두 체결한 최초의 국가임

이야기 나누기 예시 답안

- BTS. 그 이유는 인기가 많아서 외교 문제를 부드럽게 해결할 수 있을 것 같아요.
- 손흥민. 그 이유는 축구를 좋아하는 팬들이 한국에 관심을 가지고 한국 여행을 올 것 같아요.
- 백종원. 그 이유는 나의 고향 나라의 음식 재료들을 이용하여 새로운 먹거리를 만들 수 있을 것 같아요.

본문 용어 해설

평화유지군 국제분쟁을 평화적으로 해결하고 항구적 평화체제를 정착시키기 위한 유엔의 군사활동. 한국군의 평화유지 활동 PKO(Peace Keeping Operation) 참여는 1991년 9월 남·북한의 유엔 동시가입 이후 유엔의 요청에 의한 것이었다. 걸프전쟁 이후 국제사회에서는 유엔에 의해 평화유지활동을 위한 국제적 연대가 강화되었다.

국제연합(UN) 제2차 세계대전 이후에 항구적인 국제평화와 안전보장을 목적으로 결성된, 현재 유일한 범세계적인 국제기관이다.

한국과 교류하는 나의 고국!

1. 2020년 대한민국 주요 수출입국(9월 기준)

순위	수출국	수입국
1위	중국	중국
2위	미국	미국
3위	베트남	일본
4위	홍콩	베트남
5위	일본	독일

[출처] 한국무역협회

위 표를 참고하여, 나의 고향 나라에 무엇을 수출하고, 무엇을 수입하면 좋을지 생각해봅시다.

수출할 나라: 수출할 것:
수입할 나라: 수입할 것:

다른 학생들과 이야기를 나눠 봅시다.

도움 자료

수출품목의 종류	예시
제품	디스플레이, 자동차, 반도체, 농수산물, 화장품 등
문화	K-pop, 한국드라마, 영화, 전통무용 등
노동력	1960년대 한국-독일 간호사 파견, 1970대 한국-중동 송유관 근로자 파견 등

1. 한-아세안 특별정상회의

한국은 2009년, 2014년, 2019년 모두 세 차례의 한-아세안 특별정상회의를 개최했다. 특히 2019년 한-아세안 특별정상회의는 한-아세안 대화관계 수립 30주년을 기념하는 자리이자 한국에서 열린 최대 규모의 국제회의로, 신남방정책의 중심인 아세안 국가들의 협력을 논하는 것에 큰 의미를 갖고 있다.

▲ 2019 한-아세안 특별정상회의 엠블럼

2. 스포츠 외교 강국 한국

1) 1988년 서울 올림픽: 1988년 9월 17일부터 10월 2일까지 서울에서 하계 올림픽을 개최하였다. 1980년 모스크바 올림픽, 1984년 로스엔젤레스 올림픽이 각각 서방진영과 공산진영이 참가를 거부하였던 것과는 달리, 서울 올림픽의 경우 국제올림픽위원회(IOC)회원국의 대부분인 160개국이 참여한 대규모의 올림픽이었다.

2) 2002년 한국-일본 월드컵 축구 대회: 2002년 한국과 일본이 공동으로 아시아에서 처음으로 월드컵 축구 대회를 개최했다. 5개 대륙 32개 국가가 참여하였으며, 한국은 4위를 기록함으로써 역대 최고 성적을 기록하였다.
   한국 국가대표팀을 응원하기 위하여 시민들이 자발적으로 붉은 옷을 입고 모인 '붉은 악마' 응원단은 국제 사회에서 큰 화제가 되었다.

3) 2018년 평창동계 올림픽 대회: 서울 올림픽 개최 후 30년 만에 한국에서 열리는 두 번째 올림픽이자 첫 번째 동계 올림픽 대회다. 2018년 2월 9일부터 2월 25일까지 평창, 강릉, 정선 일대에서 개최되었고 15개 종목, 306개 메달, 92개국, 2,833명이 출전하였다. 이로써 한국은 아시아 국가 중 일본에 이어 두 번째로 동·하계 올림픽을 모두 개최한 국가가 되었다.

3. 제16차 한-EU(유럽연합) 공동위 개최

제16차 한-EU 공동위원회(이하 공동위)가 윤강현 외교부경제외교조정관과 군나 비간트(Gunnar Wiegand) EU 대외관계청 아시아태평양실장을 각각 수석대표로 하여 2020년 1월 21일(화) 브뤼셀에서 개최되었다. 이번 공동위에서 양측은 보편적 가치를 공유하는 한국과 EU가 3대 협정(한-EU 자유무역협정, 기본협정, 위기관리활동참여 협정)에 근거하여 포괄적인 분야에서 전략적 동반자 관계를 심화시켜 나가고 있음을 평가하였다. 양측은 최근 국제사회에서 현안이 되고 있는 기후변화 대응 관련 정책을 공유하고, G20, 세계무역기구(WTO) 등 국제무대에서 양측의 공조 필요성에 공감하면서, 통상·환경·개발·인권 등 다자 현안에 있어 앞으로도 긴밀히 협력해 나가기로 하였다.

참고자료
외교부 www.mofa.go.kr
부산광역시-정보공개-핵심프로젝트
www.busan.go.kr/conference
평창올림픽공식누리집
www.olympic.org/pyeongchang-2018

12 남북통일을 위한 노력

교재 70-73쪽

이 차시의 목표는 분단된 남북 현실을 알고 통일의 필요성과 통일을 위한 노력 방안을 제시하는 것이다. 이를 위해 분단의 현실과 문제점, 분단비용과 통일비용, 통일의 필요성과 장점 등에 대해 학습한다.

단계	교수학습활동		교수 자료	시간
도입	생각해보기	● **여러 국기 사진을 보고 생각해보기** 다음 사진을 본 적이 있나요? 각각 무엇입니까? 왜 이런 깃발이 만들어졌는지 알고 있습니까?	(PPT #1-3)	4분
	학습목표	● **학습목표 제시** 1. 분단된 남북 현실을 설명할 수 있다. 2. 남북통일의 필요성과 통일을 위한 노력 방안을 제시할 수 있다. ● **이번 차시와 관련된 교재 단원 확인하기**	(PPT #4)	1분
전개	주제1 (강의)	● **분단된 남북의 현실 설명하기** 한국은 언제부터 분단이 되었을까요? 남북 분단의 시작과 각각의 정부 수립 과정을 소개한다. 그로 인해 생겨난 수많은 이산가족과 고향에 돌아갈 수 없어 슬퍼하는 사람들의 이야기를 들려준다. ● **분단비용과 통일비용 설명하기** 여러분 국방비가 무엇인가요? 분단 상태를 유지하기 위해 사용하는 분단비용, 통일 과정에서 사용되는 통일비용의 개념을 설명한다.	(PPT #5-7)	10분
	알아두면 좋아요 1	● **남한과 북한의 언어적 차이 알아보기** 오랜 시간 지속된 분단으로 인해 남한과 북한의 일상생활 언어 차이가 생겨났다. 오른쪽 표를 보고, 남한과 북한의 서로 다른 언어를 알아본다. 남과 북이 공동으로 편찬하고 있는 『겨레말큰사전』도 소개한다.	(PPT #8)	5분
	주제2 (강의)	● **통일의 필요성과 장점, 통일을 위한 노력들 알아보기** 여러분 고향의 가족을 오랫동안 볼 수 없으면 어떨까요? 이산가족 고통 해소, 북한 주민 식량 부족 문제 해결, 남북 동질성 회복, 문화의 공동 계승 발전 가능의 필요성을 알아본다. 또 통일을 위해 국가적 차원에서, 민간차원에서 해야 할 노력을 알아본다.	(PPT #9-11)	10분
	알아두면 좋아요 2	● **스포츠로 하나된 남북 단일팀의 역사를 소개하기** 남북 단일팀이란 올림픽 등 국제 스포츠 경기 내회에서 남북한 선수들이 한팀을 이뤄 출전하는 것이다. 1991년, 2018년 남북단일팀을 소개하고 국민들의 감동이 어땠을지 생각해본다.	(PPT #12)	5분
정리	정리하기	**주요 내용 정리**	(PPT #13-14)	5분
	이야기 나누기	● **<북한에도 과외가 있을까?> 관련 기사를 보고, 이야기 나누기** 평소 북한이나 북한 사람에 대해 가지고 있던 이미지를 이야기해 봅시다. ● **다음 차시 예고**	(PPT #15)	10분

학습 내용 정리

01 분단의 현실과 문제점

1 분단의 현실: 1945년 38도선, 1953년 휴전선으로 남과 북이 분단됨

2 분단으로 인한 문제점: 이산가족, 언어의 이질화, 막대한 국방비 등

02 분단 비용과 통일 비용

1 분단 비용: 남북한 분단으로 발생되는 모든 비용(예: 안보 유지비용, 국제 사회에서 받는 정치·외교적 불이익)

2 통일 비용: 통일하는 과정에서 남북의 격차를 줄이고 사회·경제를 통합하는데 드는 모든 비용

03 통일의 필요성과 장점

이유	내용
세계 평화 기여	남북한 구성원 모두의 안전한 삶을 보장할 뿐만 아니라, 세계 평화에도 기여
남북의 동질성 회복	남한과 북한에 흩어져 있는 이산가족이 다시 고향을 찾고 만날 수 있음
경제 발전과 정치적 안정	국방비 사용 대신 경제에 투자할 수 있고 국토의 효율적인 이용도 가능

04 통일을 위한 노력들

1 교류 확대를 통한 신뢰 회복: 남북정상회담 뿐만 아니라, 여러 민간 분야에서의 교류 활성화 필요

2 외교를 통한 주변 국가들과의 협력: 남한과 북한의 노력은 물론 국제사회의 지지 필요

3 통일에 대비하여 법과 제도 마련: 북한 이탈 주민 지원, 교류 활동 지원, 교육과 연구 지원 등 다양한 법과 제도 뒷받침 필요

이야기 나누기 예시 답안

- 북한에서는 휴대전화도 없는 줄 알았는데 많은 사람들이 사용하고 있다는 것이 놀라웠어요.
- 북한 관련 뉴스를 볼 때마다 군인들만 많은 나라라고 생각했는데 일반 사람들이 사는 모습은 비슷한 것 같아요.

본문 용어 해설

정전협정 1953년 7월 27일 국제연합군 총사령관과 북한군 최고사령관 및 중공인민지원군 사령원 사이에 맺은 한국 군사정전에 관한 협정으로 6·25전쟁의 정지, 평화적 해결이 이루어질 때까지 한국에서의 적대행위와 모든 무장행동의 완전한 정지를 목적으로 한다.

남북 기본 합의서 1991년 12월 13일 서울에서 열린 제5차 고위급회담에서 남북한이 화해 및 불가침, 교류 협력 등에 관해 공동 합의한 기본 문서로 남북한이 상대방의 실체를 인정하고, 군사적 침략이나 파괴·전복 행위를 하지 않으며, 상호 교류 협력을 통해 민족 공동 발전과 점진적·단계적 통일을 실현할 수 있는 기틀을 마련하였으나, 1993년 북한이 핵확산 금지 조약에서 탈퇴한 이후 남북 관계가 경색되면서 합의서 내용은 무용지물이 되고 말았다.

'통일'이라고 하면?

1. 통일에 대한 마인드맵(Mind Map)
   '통일'이라는 글자를 보고 떠오르는 단어나 생각을 자유롭게 써 보세요.

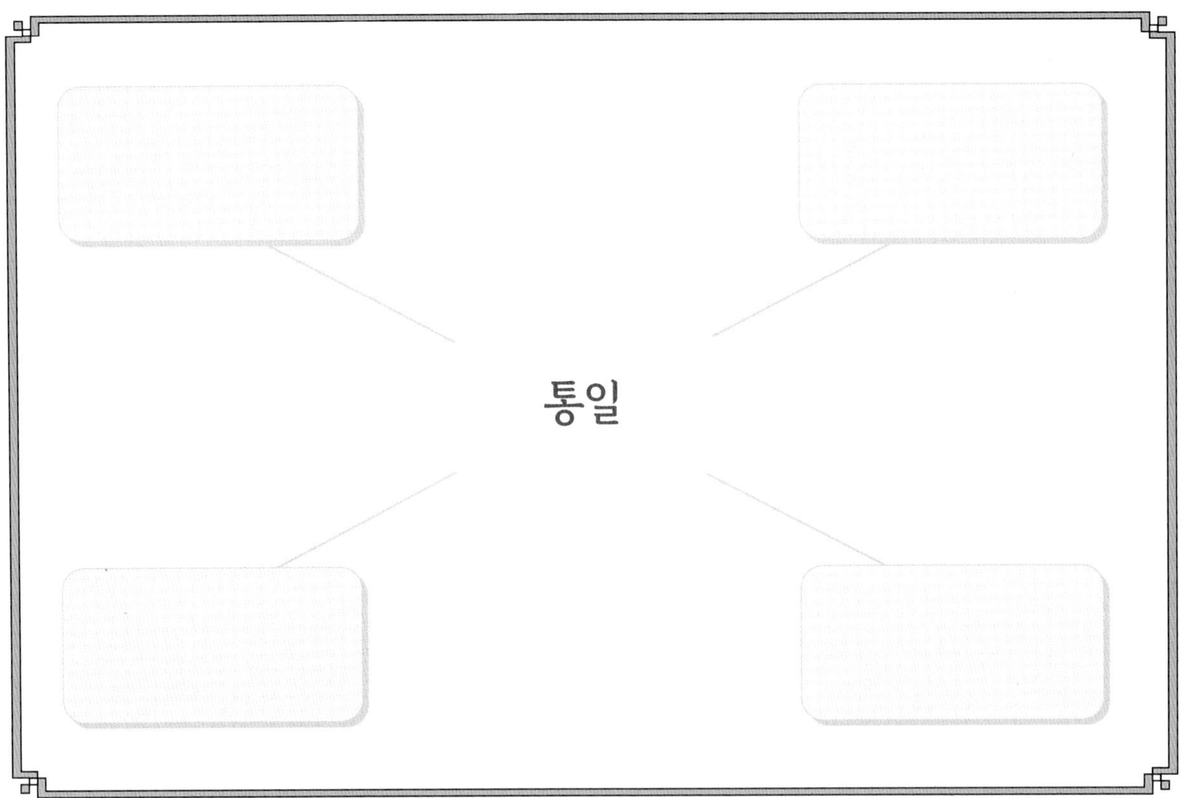

2. 마인드맵을 채운 내용과 그 이유를 다른 학생들과 나누어 보고 아래 표를 채워봅시다.

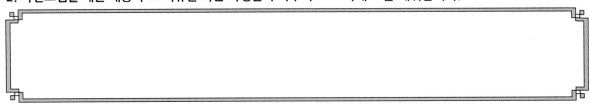

도움 자료

이름	마인드맵에 쓴 단어, 생각	그렇게 쓴 이유

1. 이산가족의 날

1971년 8월 12일 대한적십자사가 남북한 간의 이산가족찾기를 위한 적십자회담을 개최할 것을 제의한지 11주년이 되던 1982년 8월 12일을 기념하여 남북의 이산가족찾기 운동을 촉진하고 남북통일을 염원하기 위해 제정한 날이다. 매년 기념식을 가지고 유엔 등 국제기구에 이 날의 취지를 알리는 등 이산가족의 재회를 위한 조직적 활동을 다짐하였다. 1986년까지 이산가족의 날 기념식이 매년 8월 12일 개최되다가 1987년 제6회부터는 9~10월쯤으로 변경되어 개최되고 있다.

2. 하나원

1999년 7월 8일 개원한 북한이탈주민 정착지원사무소이다. 1990년대 초반까지는 연간 10명 안팎이던 이탈주민이 1994년부터 40명에서 80명으로 급격히 증가함에 따라 정부가 이들에 대한 효율적인 보호 및 지원을 위한 시설을 건립하기로 결정, 약 121억 원의 예산으로 1997년 12월 공사에 착공하여 1999년 5월에 완공하였다. 생활관, 교육관, 종교실, 체력단련실, 도서실 등의 편의시설을 갖추고 있다.

이곳에서는 관계 기관의 합동심문이 끝난 이탈주민들을 대상으로 정서안정 및 문화적 이질감 해소, 사회경제적 자립 동기 부여를 목표로 3개월간 사회적응교육을 실시한다. 소재지는 경기도 안성시이다.

3. 겨레말큰사전

2005년 2월, 남한과 북한의 언어학자들이 남북통일을 대비하여 우리말을 통일해야 한다는데 의견을 모았다.『겨레말큰사전』은 '겨레말큰사전남북공동편찬사업회'를 결성해 집필중인 국어사전이다.

2018년 기준 남북이 공동회의를 통해 겨레말큰사전의 표제어로 선정한 단어는 약 33만 개이다. 2007년 관련법 시행으로 정부에서 재정 지원을 받고 있다.

4. 통일 후 유망직업

1) 관광사업가: 북한에 관광자원 활용, 중국과 연계 등을 통해서 관광사업 활성
2) 광물자원가: 통일 후 매장되어 있는 광물을 개발하고 산업과 연계
3) 물류사업: 통일 후 동북아시아의 교통 요지로 물류사업 번창
4) 남북 문화통합 전문가: 의사소통 문제 대비, 문화차이를 메워 줄 교육 서비스제공

참고자료
겨레말큰사전남북공동편찬사업회 www.gyeoremal.or.kr
통일부 블로그 unikoreablog.tistory.com

제 4 편

대한민국의 경제

13 한국의 경제체제

교재 80-83쪽

이 차시의 목표는 한국이 시장경제체제를 채택하여 개인의 자유로운 경제활동을 보장하고 있으며 정부가 시장경제의 원활한 운영을 위해 노력하고 있음을 이해하는 것이다. 이를 위해 한국의 시장경제체제의 모습을 확인하고, 시장경제체제를 보완하기 위한 정부의 역할을 학습한다.

단계		교수학습활동	교수 자료	시간
도입	생각해보기	● **여러 가지 직업을 통해 직업 선택의 주체가 누구인지 생각해 보기** 그림에 나타난 직업이 무엇인지 말해 봅시다. 이런 직업은 어떻게 선택하게 되었을까요? 자신의 고향 나라에서 직업은 개인이 선택하나요? 아니면 국가가 정해주나요? 어느 쪽이 더 낫다고 생각하나요?	(PPT #1-3)	4분
	학습목표	● **학습목표 제시** 1. 시장경제체제의 특징을 설명할 수 있다. 2. 경제활동에서 한국 정부의 역할을 설명할 수 있다. ● **이번 차시와 관련된 교재의 단원 확인하기**	(PPT #4)	1분
전개	주제1 (강의)	● **시장경제체제와 계획경제체제의 차이 설명하기** 사람들은 누구나 경제적 선택의 문제에 마주하게 됩니다. 이러한 선택을 개인에게 맡기는 경우와 국가가 정해주는 경우가 있습니다. 시장경제체제는 어느 쪽일까요? 계획경제체제를 택하는 나라는 어디인가요? ● **한국의 시장경제체제 모습 확인하기** 한국은 시장경제체제인가요, 아니면 계획경제체제인가요? 한국이 시장경제체제를 택하고 있다는 점은 어떻게 알 수 있나요? 시장경제체제는 계획경제체제에 비해 어떤 장점이 있나요?	(PPT #5-7)	10분
	알아두면 좋아요 1	● **대한민국과 북한의 경제력 차이 설명하기** 북한은 남한과 달리 계획경제체제를 운영하고 있습니다. 이는 경제성장에 어떤 영향을 주었을까요? 현재 남북의 경제력의 차이는 어떠한가요?	(PPT #8)	5분
	주제2 (강의)	● **시장경제체제에서 정부의 역할 설명하기** 시장경제체제에서 발생할 수 있는 부작용에는 어떤 것이 있을까요? 자유로운 경쟁의 장점과 단점은 무엇인가요? 약자들의 어려움을 돕기 위해서는 누가 개입하는 것이 좋을까요? ● **시장경제체제를 보완하려는 한국 정부의 노력 설명하기** 한국의 헌법에는 시장경제체제를 보완하는 정부의 노력에 대한 내용이 포함되어 있습니다. 독점하는 기업이 있다면 정부가 어떻게 해야 할까요? 정부가 세금을 걷어서 제공하는 서비스는 어떤 기능을 할까요?	(PPT #9-11)	10분
	알아두면 좋아요 2	● **한국에서 마스크 가격 안정을 위해 정부가 개입한 사례 소개하기** 2020년 코로나19 바이러스로 위생용품을 구하기 어려웠던 상황을 알고 있나요? 시장에 맡겨두었을 때 마스크 가격이 많이 올랐는데 이 문제를 한국 정부는 어떻게 해결했을까요?	(PPT #12)	5분
정리	정리하기	**주요 내용 정리**	(PPT #13-14)	5분
	이야기 나누기	● **한국의 경제적 자유에 대해 이야기 나누기** 한국의 경제적 자유는 세계에서 어느 정도 수준에 속할까요? 자신의 고향 나라와 비교할 때 한국의 경제적 자유 수준은 어떤가요? ● **다음 차시 예고**	(PPT #15)	10분

학습 내용 정리

01 한국의 경제체제: 시장경제체제

1 경제체제의 분류

1) 경제체제: 경제문제(경제적 선택의 문제)를 해결하는 사회적 방식

2) 시장경제체제: 개인의 자유로운 선택에 따라 경제문제를 해결. 사유재산권을 보장함

3) 계획경제체제: 국가나 정부의 계획에 따라 경제문제를 해결. 사유재산권을 보장하지 않음

2 한국의 경제체제

1) 한국은 시장경제체제를 채택하고 있어서 직업선택의 자유가 있고 사유재산권이 보장됨

2) 시장경제체제에서 개인은 자기 이익을 위해 창의성을 발휘하고 노력하여 개인과 사회가 경제적으로 풍요로워질 수 있음

02 시장경제체제에서 정부의 역할

1 시장경제체제에서 정부의 역할

1) 자유로운 경쟁은 효율성을 높이지만 간혹 사회에 피해를 주거나 약자들의 어려움이 클 수 있음

2) 시장경제체제의 부작용을 보완하기 위해 정부가 경제활동에 개입함

2 시장경제체제를 보완하기 위한 한국 정부의 노력

1) 공정한 경쟁이 이루어지도록 독과점 기업 등의 횡포를 막음

2) 국민의 건강과 안전, 사회질서를 해치는 기업의 행위를 규제함

3) 국민의 세금으로 공공재와 복지제도를 마련하여 사회적 약자들의 기본적인 삶을 지원함

이야기 나누기 예시 답안

외국인들에게 시장이 잘 개방되어 있고 정부의 개입이 많지 않아서 외국인들의 투자가 자유롭게 이루어진다고 생각합니다.

본문 용어 해설

사유재산권 개인이 자신의 재산을 소유할 수 있는 권리를 말한다. 개인이 노력한 만큼 개인의 재산이 늘어나기 때문에 사회 전체의 생산성이 크게 늘어날 수 있다. 시장경제체제에서는 사유재산권의 인정이 필수적이다. 계획경제체제에서는 원칙적으로 사유재산권이 인정되지 않는다.

독과점 시장에서 하나 또는 소수의 기업이 생산을 담당하여 시장을 지배하는 상태를 말한다. 시장경제체제는 수많은 기업과 소비자들의 경쟁에 의해 효율성이 유지되는데 독과점이 생기면 이러한 효율성이 사라지게 된다. 따라서 독과점을 규제함으로써 공정한 경쟁을 유지하는 것은 시장경제체제를 유지하고 보완하기 위한 노력이라고 할 수 있다.

대한민국이 시장경제체제여서 어떤 점이 좋을까요?

※ 다음은 계획경제체제인 나라의 국민이 보내온 편지입니다. 답장을 써볼까요?

안녕하세요? 저는 계획경제체제를 채택한 나라에서 살고 있습니다.

우리나라에서는 모든 경제활동을 국가가 결정합니다. 즉, 국가의 명령에 따라 경제가 운영되지요. 대표적으로 모든 생산수단은 국가에서 소유합니다. 사람들의 직업도 국가가 정해주고, 그 일을 얼마나 할 것인지도 국가가 정해주는 대로 하면 됩니다. 개인의 재산은 인정되지 않기 때문에 일을 많이 하더라도 더 부유해지는 것은 아닙니다.
시장경제체제인 한국은 많이 다르다고 들었는데 계획경제체제와 비교할 때 차이를 알려줄 수 있을까요?

안녕하세요? 저는 시장경제체제인 한국에서 살고 있습니다.

____

____

____

이런 점에서 한국에서는 개인들이 더욱 열심히 일할 동기가 크기 때문에 더 많은 창의성을 발휘하고 생산성도 높답니다.

도움 자료

- **시장경제체제의 장점**

1) 개인의 자유 존중: 개인의 선택을 존중하고 개인이 원하는 경제생활을 할 수 있음
⇒ 원하는 직업을 선택할 수 있음

2) 생산성 증가: 개인이 노력한 만큼 이익이 개인에게 돌아가기 때문에 개인이 열심히 노력할 동기가 늘어나고 사회 전체의 생산성이 증가함
⇒ 사유재산권 인정. 일반적으로 시장경제체제를 채택한 나라들이 더 풍요로운 편임

심화자료

1. 시장경제체제에서 자원의 효율적 분배

시장경제체제는 계획경제체제와 비교할 때 자원을 효율적으로 분배한다. 계획경제체제에서는 국가가 어떤 물건을 얼마나 생산할 것인가를 결정한다. 하지만 국가가 국민들이 필요로 하는 재화와 그 양을 정확히 예측한다는 것은 불가능하다. 따라서 계획경제체제에서는 항상 어떤 물건은 남고, 어떤 물건은 부족하게 되는 현상이 일어나기 마련이다. 즉, 필요보다 더 많이 생산하거나 더 적게 생산하여 자원이 비효율적으로 분배될 수 있는 것이다.

하지만 시장경제체제에서는 물건을 사는 사람이나 파는 사람들이 모두 물건의 가격에 반응한다. 즉, 어떤 물건의 가격이 오르면 더 많은 사람이 생산하려고 하고, 더 적은 사람이 소비하려고 하면서 자연스럽게 가격이 내려간다. 반대로 물건의 가격이 내리면 더 적은 사람이 생산하려고 하고, 더 많은 사람이 소비하려고 하면서 자연스럽게 가격이 올라간다. 즉, 시장의 가격에 따라 생산과 소비가 결정된다는 점에서 낭비가 줄어들고 자원이 효율적으로 분배되는 것이다.

2. 시장실패

시장경제체제도 완벽하지 않기 때문에 시장에서 효율적인 자원 배분이 일어나지 않는 상태가 발생하기도 한다. 이를 시장실패라고 부른다. 시장실패는 대표적으로 세 가지 차원에서 살펴볼 수 있다. 첫째, 시장실패는 경쟁이 제대로 이루어지지 않는 경우가 생길 때 발생한다. 경쟁 과정에서 하나 또는 소수의 기업이 승리해서 독과점이 발생하면 이후에는 경쟁이 사라지고 이들 기업이 특혜를 누리게 된다. 그리고 그 피해는 모두 소비자에게 돌아가게 된다. 둘째, 생산하는 사람들이 생각하지 못한 외부효과가 발생할 수 있다. 즉, 개인의 이익을 위해 최선을 다하는 과정에서 사회적으로 피해를 주는데 이러한 피해가 계산되지 않는 것이다. 예를 들어, 공장에서 더 많은 이익을 얻고자 오염물질을 무단으로 방출하여 사회에 피해를 주는 경우가 생길 수 있다. 셋째, 각 개인의 자유로운 선택에 맡겨 놓을 때 사회적으로 중요하지만 생산되지 않는 것들이 생길 수 있다. 대표적으로 국방이나 치안서비스의 경우 많은 사람들이 함께 혜택을 받게 되지만 아무도 나서서 생산하지 않게 된다.

3. 공정거래위원회

공정거래위원회는 독점 및 불공정 거래에 관한 사안을 심의하고 의결하기 위해 설립된 국무총리 소속의 국가기관이다. 공정거래위원회는 크게 네 가지 주요 기능을 담당한다. 첫째, 시장에서 자유로운 경쟁을 촉진하는 기능을 한다. 독과점 기업 등이 시장에서 지배적인 위치를 차지하고 경쟁을 제한하지 않도록 한다. 둘째, 소비자들의 권리를 지키기 위한 활동을 한다. 소비자에게 불리한 조항을 시정하도록 하고, 허위나 과장 광고 등을 규제하여 소비자들에게 피해가 가지 않도록 노력한다. 셋째, 중소기업의 활동을 지원한다. 대형업체들이 우월적 지위를 이용하여 행하는 각종 불공정행위를 시정하게 한다. 넷째, 경제력이 한쪽에 집중되는 것을 억제한다. 대기업 계열사 간 상호출자나 부당 내부거래 등을 막기 위해 노력한다.

참고자료

한국개발연구원(KDI) 경제정보센터 https://eiec.kdi.re.kr/
한국은행 경제교육 https://www.bok.or.kr/
공정거래위원회 http://www.ftc.go.kr/

14 금융과 자산 관리

교재 84-87쪽

이 차시의 학습목표는 금융에 관한 기본적인 지식을 갖추고 노후를 대비하여 개인의 자산을 잘 관리하는 방법을 이해하는 것이다. 이를 위해 은행이나 주식, 채권 등 다양한 금융상품과 보험 등을 통해 자산관리와 관련된 기본적인 경제 내용을 학습한다.

단계		교수학습활동	교수 자료	시간
도입	생각해보기	● **생애주기곡선을 통해 소득과 소비의 변화 확인하기** 일생 동안 소득과 소비가 어떻게 변화하고 있나요? 소득보다 소비가 많은 시기는 언제인가요? 여러분들은 어느 시기에 속해 있나요? 노후를 위해서는 어떤 노력이 필요할까요?	(PPT #1-3)	4분
	학습목표	● **학습목표 제시** 1. 금융기관을 통한 대출과 보험에 대해 설명할 수 있다. 2. 다양한 노후 대비 및 자산 관리 방법을 비교할 수 있다. ● **이번 차시와 관련된 교재의 단원 확인하기**	(PPT #4)	1분
전개	주제1 (강의)	● **은행을 통한 예금과 대출 설명하기** 은행의 주된 업무는 무엇일까요? 예금의 장점은 무엇인가요? 은행에서 대출을 받아본 적이 있나요? 대출할 때 가장 중요한 것은 무엇인가요? 낮은 금리로 대출받을 수 있는 경우는 어떤 경우인가요? ● **보험에 대해 설명하기** 보험은 어떤 금융 상품인가요? 개인적으로 들고 있는 보험에는 어떤 것이 있나요? 보험을 드는 이유는 무엇인가요? 자동차보험은 손해보험인가요, 생명보험인가요? 보험을 해지하면 어떻게 되나요?	(PPT #5-7)	10분
	알아두면 좋아요 1	● **불법 대부업체 알아보기** 돈을 빌려준다는 광고 문자를 받은 적 있나요? 불법사채라는 단어를 들어본 적 있나요? 법으로 정해진 최고 금리는 얼마일까요?	(PPT #8)	5분
	주제2 (강의)	● **주식과 채권에 대해 설명하기** 주식에 투자하시는 분 있나요? 예금과 비교할 때 주식의 장단점은 무엇인가요? 주식의 특징은 무엇인가요? 채권은 무엇이고, 주식과 어떤 차이점이 있나요? ● **부동산 및 간접투자 상품 설명하기** 부동산을 사두면 어떻게 이득을 얻을 수 있나요? 부동산 투자의 단점은 무엇인가요? 주식이나 채권 등의 투자에 대해 잘 모르는 경우에는 어떤 상품을 이용할 수 있나요?	(PPT #9-11)	10분
	알아두면 좋아요 2	● **연금저축 소개하기** 여러분들이 노후를 위해 준비하는 연금에는 어떤 것이 있나요? 연금저축에 대해 들어보았나요? 연금저축의 장점은 무엇인가요?	(PPT #12)	5분
정리	정리하기	**주요 내용 정리**	(PPT #13-14)	5분
	이야기 나누기	● **신용등급 관리 방법 설명하기** 신용등급에 대해 들어본 적 있나요? 신용등급이 높으면 무엇이 좋을까요? 신용등급 관리에서 가장 중요한 것은 무엇일까요? 신용카드를 사용할 때 주의할 점은 무엇인가요? ● **다음 차시 예고**	(PPT #15)	10분

학습 내용 정리

01 은행과 보험

1 은행 활용 방법

1) 은행: 자금수요자와 자금공급자를 중개함

2) 예금: 여유 자금을 은행에 맡겨두는 자산관리 방법. 원금과 이자가 보장되는 안전한 자산임

3) 대출: 은행에서 돈을 빌리는 것. 금리에 따라 갚을 돈이 달라지니 금리 확인이 필수임

2 보험을 통한 위험 대비

1) 보험: 평소에 보험금을 내고 위기에 처했을 때 보험금을 받아 어려움을 해결하는 것. 중간에 해지하면 손해를 볼 수 있음

2) 손해보험: 각종 사고에 대비한 보험. 자동차보험, 화재보험 등

3) 생명보험: 사람의 신체나 생명의 위험에 대비한 보험

02 다양한 자산관리 방법

1 주식과 채권

1) 주식: 회사의 주식을 구입하여 주주가 되면, 주식에 대한 배당금을 받고 나중에 주가가 올랐을 때 팔아서 이익을 얻는 투자 방법. 고수익, 고위험

2) 채권: 정부나 기업에서 발행한 채권을 구입해 되팔거나 이자를 받는 투자 방법. 주식보다는 수익이 낮지만 더 안정적임

2 부동산과 간접투자상품

1) 부동산 투자: 상가나 아파트 등 건물이나 토지를 구입해 되팔거나 임대료를 받는 투자 방법. 큰 금액이 필요하고, 한번 구입하면 돈으로 바꾸기 어려움

2) 간접투자상품: 자산운용회사에 돈을 맡기면 대신 투자해서 이익을 나누어 줌. 펀드라고 함
예금보다 높은 수익을 얻을 수도 있으나 경우에 따라 원금손실의 가능성이 있음

이야기 나누기 예시 답안

가능하면 체크카드를 사용하고, 신용카드 납부금이 연체되지 않도록 노력해요.

본문 용어 해설

금리 돈을 빌리거나 빌려주었을 때 그 돈에 대해 지급하는 이자율을 말한다. 기준금리는 국내 모든 금리의 기준이 되는 것으로 매달 한국은행에서 결정한다. 시장금리는 은행 등의 금융기관이 개인이나 기업에 자금을 빌려줄 때 사용하는 금리를 말한다. 보통 기준금리가 인상되면 시장금리도 인상된다.

펀드 펀드는 투자자로부터 모은 자금을 자금운용회사가 다양한 금융상품에 투자하여 그 결과를 투자자에게 돌려주는 간접투자상품이다. 이와 달리 직접투자는 투자자가 직접 주식이나 채권 등을 골라서 구입하는 것이다. 간접투자상품과 직접투자상품 모두 투자의 성공 여부에 따라 원금이 보장되지 않는 경우가 생길 수 있다.

나만의 자산관리 비법: 짝 인터뷰

자신만의 자산관리 비법에 대해 짝을 인터뷰해 봅시다.

① 한 명은 전문가 역할을 맡고, 다른 한 명은 기자 역할을 맡는다.
② 기자가 질문하면 전문가는 자세히 대답하고 그 내용을 기자가 활동지에 기록한다.
③ 문답이 끝나면 기자가 기록한 내용을 발표한다.

인터뷰 노트

전문가:
기 자:

질문	답변
1) 당신은 돈을 열심히 모아 본 경험이 있나요? 그 이유는 무엇인가요?	
2) 당신은 어떤 자산관리 방법을 쓰고 있나요? 그 이유는 무엇인가요?	
3) 자신의 고향 나라에서 사람들이 주로 활용하는 자산관리 방법은 무엇인가요?	
4) 당신은 노후의 안정적인 삶을 위해 어떤 노력을 하고 있나요?	

도움 자료

1) 평소에 자신이 일상 경험을 통해 돈을 절약하고 모은 경험에 대해 이야기하도록 한다.
   예) 평소 너무 사고 싶었던 휴대폰이 가격이 비싸서 열심히 돈을 모았어요.
2) 구체적인 자산관리 방법을 말하고, 그 이유를 수익성과 안전성을 중심으로 이야기하도록 한다.
   예) 저는 예금이 좋아요. 수익은 적지만 안전하잖아요.
3) 자신의 고향 나라의 자산관리 문화에 대해 소개할 수 있도록 한다.
   예) 제 고향 나라에서는 땅과 집을 중시해서 부동산 투자를 많이 하는 편이에요.
4) 구체적인 노후 계획과 자산관리 방법에 대해 생각하도록 한다.
   예) 노후에는 연금으로 편하게 살고 싶어요. 연금을 주는 저축 상품에 가입하고 돈을 모을래요.

심화자료

1. 자산관리의 필요성

사람의 생애 주기에서 소득과 소비의 변화 모습을 통해 자산관리의 필요성을 알 수 있다. 즉, 대부분의 사람들이 얻는 소득은 생산 활동을 하는 청년층과 장년층 시기에 집중된다. 하지만 소비의 경우 평생에 걸쳐서 이루어진다. 따라서 소득이 많은 시기에 수입과 지출을 잘 관리하는 것이 중요하다. 특히 최근에는 평균 수명이 늘어나면서 노후를 위한 준비가 강조되고 있다. 노후에 행복하고 안정적인 경제 생활을 이어가기 위해서는 미리 계획을 세워 자산을 잘 관리할 필요가 있다.

2. 다양한 자산관리 방법

자산관리방법은 다양하지만 안전성과 수익성을 고려하여 개인이 판단하는 것이 중요하다. 특히 자신이 투자하는 목적과 기간도 고려해야 한다.

1) 저축: 주로 은행을 통해 돈을 모으는 것을 말한다. 예금은 일정한 돈을 맡겨두고 나중에 원금과 이자를 받는 방식이다. 적금은 일정 금액을 정기적으로 넣어서 만기 때 원금과 이자를 함께 받는 것이다.
2) 주식: 주식회사에서 발행하는 주식을 구입하여 주주가 되는 투자 방식이다. 회사가 수익을 얻으면 주주는 배당금을 받을 수 있고, 주가가 올랐을 때 팔면 차익만큼 이익을 얻게 된다. 하지만 회사의 실적이 좋지 않으면 주가가 내려가 투자한 금액을 잃을 수도 있다.
3) 채권: 국가, 은행, 회사 등이 국민으로부터 돈을 빌리고 일정 기간 동안 이자를 제공하고 만기에 원금을 갚겠다는 증서이다. 따라서 채권에 투자하면 정해진 기간 동안 일정한 이자를 받을 수 있다. 채권 역시 회사가 파산하면 원금을 받지 못할 위험이 있으나 상대적으로 주식보다는 안전한 편이다.
4) 펀드: 펀드는 투자금을 전문적인 투자운용기관에 맡겨서 간접적으로 투자하는 상품을 말한다. 개인의 입장에서는 적은 돈으로 투자할 수 있으며, 전문가가 대신 투자해주는 장점이 있다. 하지만 역시 투자가 실패하면 원금 손실이 발생할 수 있다.
5) 보험과 연금: 보험은 평소에 정해진 보험료를 미리 냄으로써 혹시라도 닥칠 수 있는 위험에 대비하는 것이다. 사고를 당했을 때 보험금을 받아 해결하고 안정적인 생활을 유지할 수 있다. 연금은 노후의 안정적 생활을 보장하기 위한 금융상품이다. 미리 일정액을 내고 노후에 정해진 금액을 지급받는다. 한국에서는 정부에서 운영하는 국민연금과 개인이 따로 가입하는 개인연금이 있다.

3. 자산관리의 기본 원칙: 포트폴리오

'달걀을 한 바구니에 담지 마라'라는 말은 1981년 노벨 경제학상을 수상한 미국의 토빈 교수의 포트폴리오 이론에서 비롯되었다. 이것은 우리가 자산을 관리할 때 한 가지 금융상품에만 모든 것을 쏟아부어서는 안 된다는 것을 뜻한다. 예를 들어 자신의 모든 재산을 주식에 100% 투자했다가 금융위기가 발생하게 되면 엄청난 손실을 볼 수 있다. 따라서 위험을 줄이려면 다양한 자산에 나누어 투자하는 것이 중요하다. 예를 들어 일부는 예금, 일부는 채권, 일부는 주식, 일부는 부동산 등에 투자함으로써 하나의 자산에서 손해를 보더라도 다른 자산에서 이익을 봄으로써 안전하게 자산을 관리할 수 있다.

참고자료
전국 은행 연합회 https://www.kfb.or.kr
신용회복위원회 https://www.ccrs.co.kr

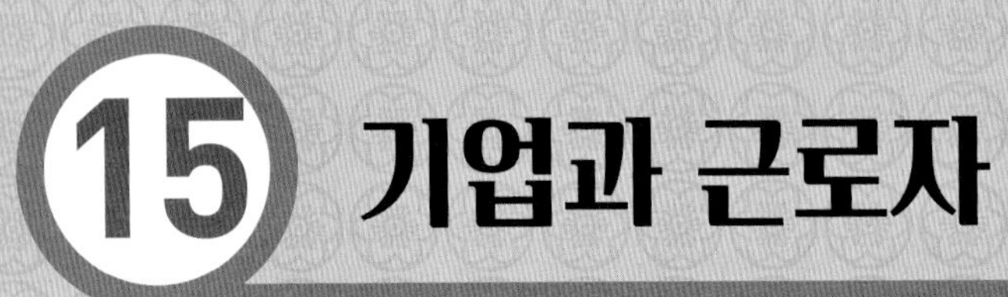

15 기업과 근로자

교재 88-91쪽

이 차시의 목표는 대한민국의 경제에서 중요한 역할을 담당하는 기업과 근로자에 대해 살펴보는 것이다. 이를 위해 한국의 여러 기업들의 비중과 유형을 확인하고 근로자들의 권리를 보장하기 위한 여러 가지 제도를 학습한다.

단계		교수학습활동	교수 자료	시간
도입	생각해보기	● **한국의 주요 기업 살펴보기** 그림에 제시된 것은 기업 로고입니다. 여러분들은 이중 어느 기업을 알고 있나요? 각 기업들이 주로 생산하는 상품은 무엇인가요? 자신의 고향 나라에서 유명한 기업과 상품은 무엇인가요?	(PPT #1-3)	4분
	학습목표	● **학습목표 제시** 1. 대한민국의 기업에 대해 설명할 수 있다. 2. 대한민국에서 근로자에게 보장되는 권리에 대해 설명할 수 있다. ● **이번 차시와 관련된 교재의 단원 확인하기**	(PPT #4)	1분
전개	주제1 (강의)	● **한국의 기업 활동에 대해 설명하기** 기업은 시장경제에서 어떤 역할을 할까요? 세계적으로 잘 알려진 한국의 기업에는 어떤 것이 있나요? 한국에서 대기업과 중소기업은 어떤 역할을 담당하고 있나요? ● **한국의 자영업과 프랜차이즈 설명하기** 다른 나라에 비해 한국은 자영업 비중이 높습니다. 왜 그럴까요? 주로 어떤 사업에 많이 진출하는 것 같나요? 프랜차이즈가 무엇인지 아나요? 여러분들이 알고 있는 대표적인 프랜차이즈는 무엇인가요?	(PPT #5-7)	10분
	알아두면 좋아요 1	● **한국 자영업의 명암에 대해 알아보기** 한국에서 유난히 많은 자영업은 무엇인가요? 치킨집이 많은 이유는 무엇일까요? 프랜차이즈를 하면 쉽게 성공할 수 있을까요?	(PPT #8)	5분
	주제2 (강의)	● **한국에서의 근로 조건 설명하기** 한국에서 근로자들의 권리를 보호하기 위한 제도에는 무엇이 있을까요? 최저임금에 대해 들어보았나요? 얼마인지 알고 있나요? 하루에 몇 시간까지 근무할 수 있나요? ● **근로자의 권리 설명하기** 한국의 헌법에 근로자의 권리를 규정하고 있다는 것을 알고 있나요? 노동삼권에 대해 들어보았나요? 사용자가 근로자들이 노동조합 만드는 것을 방해해도 될까요? 실업급여는 얼마나 받을 수 있나요?	(PPT #9-11)	10분
	알아두면 좋아요 2	● **체불 임금 지급을 도와주는 국가 제도 소개하기** 사용자가 근로자에게 정해진 날짜에 임금을 주지 않으면 어떻게 대응해야 할까요? 회사가 파산한 경우에 밀린 임금을 전혀 받지 못할까요?	(PPT #12)	5분
정리	정리하기	**주요 내용 정리**	(PPT #13-14)	5분
	이야기 나누기	● **한국에서 성공한 외국인 사례 알아보기** 한국에서 경제적으로 성공한 사람을 알고 있나요? 외국인이 한국에서 성공하기 위해 가장 필요한 것은 무엇일까요? ● **다음 차시 예고**	(PPT #15)	10분

학습 내용 정리

01 한국의 기업

1 대기업

1) 기업은 제품과 서비스를 생산하여 소비자들의 생활을 풍요롭게 하고, 기업을 통해 근로자는 일자리를 얻고 생계를 유지함
2) 한국에서는 대기업의 비중이 높으며, 대기업을 중심으로 중소기업이 결합해 생산활동을 하고 있음

2 자영업과 프랜차이즈

1) 한국은 다른 나라에 비해 요식업과 숙박업 분야를 중심으로 하는 자영업의 비중이 높음
2) 프랜차이즈: 특정 상호와 상표, 제품을 개발한 가맹 본부를 중심으로 각 지역의 가맹점들이 해당 제품을 판매함

02 한국에서 근로자들의 생활

1 한국에서 근로자의 근로 여건 보장

1) 최저임금제: 2024년 기준 최저임금은 시간당 9,860원으로 근로자의 임금을 그 이상으로 주어야 함
2) 근로시간: 1일 8시간, 1주 40시간이 기본이며, 추가 근로는 최대 12시간까지 허용하여 주 52시간 근무제가 적용됨
3) 임금지급: 사용자는 근로자에게 매월 1회 이상 일정한 날짜에 직접 임금을 주어야 함

2 근로자의 권리 보호

1) 노동삼권: 단결권, 단체교섭권, 단체행동권
2) 근로자의 사고나 어려움에 대비하는 조치: 산업재해보상보험, 고용보험

이야기 나누기 예시 답안

한국사회의 문화와 분위기를 빨리 익히고 한국인 이상으로 열심히 일했기에 성공할 수 있었다고 생각해요.

본문 용어 해설

자영업 1인 또는 가족이 직접 사장이 되어 소유하고 경영하는 개인 사업을 의미함. 변호사와 같은 전문가에서부터 노점상까지도 모두 포함한다. 한국은 다른 나라에 비해 자영업의 비중이 높은데 자영업의 대부분이 영세한 편이어서 한국 경제의 어려운 문제로 인식되고 있다.

최저임금제 근로자에게 임금의 최저수준을 보장하여 근로자의 생활 안정과 노동력의 질적 향상을 꾀함으로써 국민경제의 건전한 발전에 이바지하는 것을 목적으로 한다. 1953년 근로기준법에 최저임금제의 근거가 있으나 당시에는 규정을 운용하지 않았으며, 1986년 최저임금법을 제정 및 공포하고 1988년부터 실시하게 되었다.

근로자의 권리 알려주기

※ 근로자들이 근로 조건에 관해 질문을 올렸습니다. 이들에게 근로자의 권리에 대해 알려주세요.

질문	답변
식당에서 일했는데 외국인이라고 시간당 2,000원밖에 못 받았어요. 일도 힘든데 아무리 생각해도 2,000원은 너무 작지 않나요?	
처음에 계약할 때 회사가 바쁘면 매일 12시간씩 일해야 할 때도 있다고 들었어요. 너무 힘들 것 같은데 이게 당연한 것인가요?	
회사에서 근로자들이 함께 노동조합을 만들기로 했어요. 그런데 사장님이 노동조합을 만드는 것을 금지하고 있어요. 이래도 되나요?	
회사에서 일하다가 다쳐서 더 이상 일을 할 수 없게 되었어요. 사장님은 일을 하지 못하니 더 이상 고용하기 어렵다고 하네요. 어떻게 하죠?	

도움 자료

1) 2024년 기준 최저임금은 시간당 9,860원이다.
2) 근로기준법 상 근로자의 근로시간은 1일 8시간, 1주 40시간이며, 추가 근로는 최대 12시간까지 허용하여 주 52시간 근무제가 운영되고 있다.
3) 헌법에 따라 노동삼권이 보장되는데 단결권, 단체교섭권, 단체행동권이 여기에 포함된다.
4) 사용자는 의무적으로 산업재해보상보험과 고용보험에 가입해야 한다.

심화자료

1. 한국의 대기업과 중소기업 비교

2022년 기업규모별 수출입

(단위: 개, 억불, 전년대비 %)

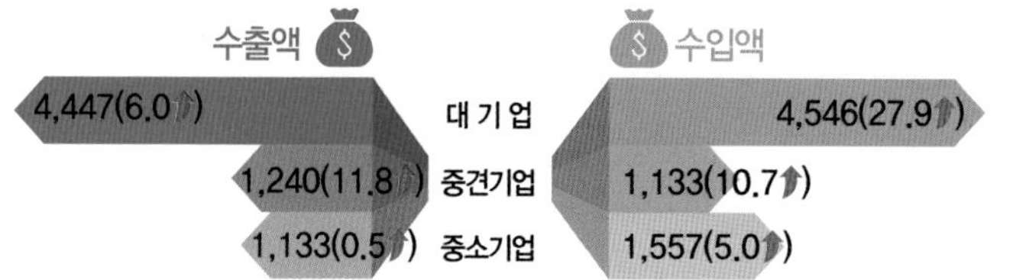

[출처] 통계청

기업을 구분할 때 여러 가지 기준을 함께 판단하나 보통 매출액과 자산총액을 기준으로 중소기업과 중견기업, 대기업을 구분한다. 통계청 조사에 따르면 2022년 국내 활동 기업은 총 735만 2,787개이다. 이 중 대기업이 3,960개(0.05%)였고, 중견기업이 5,306개(0.07%), 소상공인을 포함한 중소기업이 734만여 개(99.87%)이다. 이들 기업에 종사하는 임직원 수는 총 2,271만 5,000명인데 대기업에 274만 9000명(12.1%), 중견기업에 166만 4000명(7.3%), 중소기업에 1,830만 3,000명(80.6%)이 종사하고 있다. 하지만 대기업이 수출입 전체의 절반 이상을 차지할 정도로 대기업으로의 쏠림이 큰 상황이다.

2. 프랜차이즈

프랜차이즈는 특정 업체의 가맹점이 되어 해당 업체의 상품이나 서비스를 판매하는 것을 말한다. 가맹본부는 가맹점에게 해당 지역 내에서 독점적 영업권을 주는 대신 가맹본부가 취급하는 물류, 인테리어, 광고, 서비스 등을 직접 조직하고 관리한다. 이에 대해 가맹점은 가맹본부에 가맹비를 비롯한 일정한 대가를 지불한다. 가맹점의 입장에서는 개인이 따로 사업을 벌이는 것보다 프랜차이즈가 실패의 위험이 적고 비교적 손쉽게 개업할 수 있다는 장점이 있다. 또한 대량 구매에 따라 일부 경비를 줄이고 경쟁력을 높일 수 있다는 장점이 있다. 하지만 최근 프랜차이즈가 늘어나고 업체들 간 경쟁이 치열해지면서 프랜차이즈를 선택하여 운영하는 것도 쉽지 않은 일이 되고 있다.

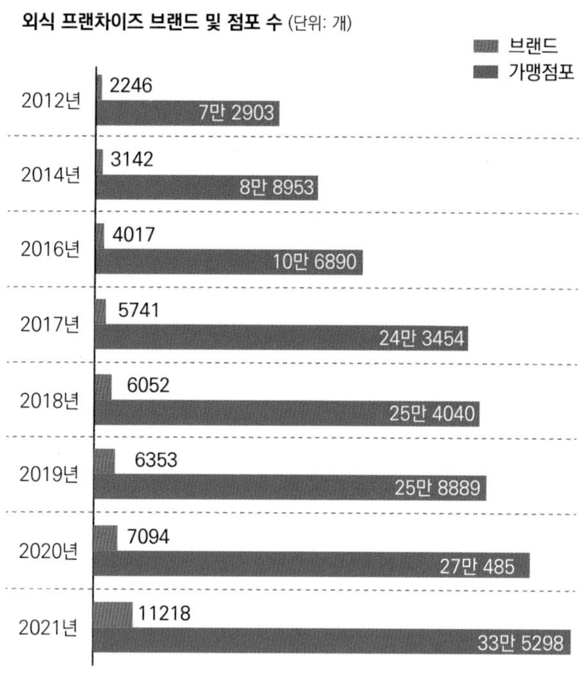

출처: 통계청·공정거래위원회

3. 실업급여

실업급여는 근로자가 실업 상태에 있는 경우에 근로자의 생활을 안정시키고 구직 활동을 장려하기 위해 제공되는 급여이다. 이것은 고용보험 가입 근로자가 실직 시 재취업하는 기간 동안 소정의 급여를 지급하는 것이다. 이때 실업은 근로의 의사와 능력이 있음에도 불구하고 취업하지 못한 상태에 있는 것을 말한다. 따라서 실업 시 취업하지 못한 기간에 대하여 적극적인 재취업 활동을 한 사실이 확인되는 경우에 실업급여를 받을 수 있다.

참고자료

한국고용정보원 http://www.keis.or.kr/
고용노동부 http://www.moel.go.kr/
한국노동연구원 https://www.kli.re.kr/
통계청 https://www.kostat.go.kr

16 국민경제와 국제거래

교재 92-95쪽

이 차시의 목표는 오늘날 세계 경제에서 중요한 위치를 차지하고 있는 대한민국의 국민경제의 모습을 살펴보는 것이다. 이를 위해 대한민국 국민경제의 주요 지표들을 살펴보고 대한민국 경제가 세계적으로 차지하는 위상과 활동에 대해 학습한다.

단계		교수학습활동	교수 자료	시간
도입	생각해보기	● **한국의 경제성장에 대해 얘기해 보기** 제시된 자료에서 해외 언론은 한국의 어떤 점에 주목하고 있나요? 한국의 경제성장에 대해 알고 있는 것은 무엇인가요? 세계에서 한국의 경제적 위상은 어느 정도라고 생각하나요?	(PPT #1-3)	4분
	학습목표	● **학습목표 제시** 1. 대한민국 국민경제의 모습을 설명할 수 있다. 2. 대한민국 국제거래 모습에 대해 설명할 수 있다. ● **이번 차시와 관련된 교재의 단원 확인하기**	(PPT #4)	1분
전개	주제1 (강의)	● **국민경제의 3주체에 대해 설명하기** 한 국가 내에서 생산, 분배, 소비를 담당하는 경제주체에는 세 가지가 있습니다. 그 세 가지는 무엇일까요? 가계, 기업, 정부는 각각 어떤 역할을 담당하고 있을까요? ● **국민경제에서 물가와 실업에 대해 살펴보기** 물가가 높으면 어떤 문제가 생길까요? 실업률이 높으면 왜 문제가 될까요? 한국의 물가상승률은 어느 정도인가요? 체감 물가는 무엇인가요? 한국의 실업률은 다른 국가와 비교할 때 어떤 수준인가요?	(PPT #5-7)	10분
	알아두면 좋아요 1	● **소비자 물가와 체감 물가의 차이 설명하기** 뉴스에서 나오는 소비자 물가에 비해 실제 물가가 더 많이 오른 것 같다고 생각한 적 있나요? 소비자 물가와 체감 물가가 다른 이유는 무엇일까요?	(PPT #8)	5분
	주제2 (강의)	● **한국의 국제거래 현황 설명하기** 한국은 세계적인 무역 국가입니다. 수출주도형 경제성장정책에 대해 들어본 적 있나요? 한국의 무역액은 세계적으로 어느 정도 수준일까요? ● **환율과 국제거래 설명하기** 국제거래에서 환율은 어떤 역할을 할까요? 환율이 오르면 어떤 사람이 유리할까요? 여러분들이 해외로 여행을 간다면 환율이 높은 것이 좋을까요? 아니면 낮은 것이 좋을까요?	(PPT #9-11)	10분
	알아두면 좋아요 2	● **환전 수수료 줄이기** 고국으로 돈을 송금한 경험이 있나요? 한국 돈을 외국 돈으로 바꿀 때 수수료를 내야 합니다. 수수료를 줄이는 방법에는 무엇이 있을까요? 여러분들은 어떤 방법을 사용하나요?	(PPT #12)	5분
정리	정리하기	**주요 내용 정리**	(PPT #13-14)	5분
	이야기 나누기	● **해외직구 피해를 막기 위한 방법 설명하기** 인터넷을 통해 다른 나라의 물건을 직접 구입한 적 있나요? 해외거래를 할 때는 현금보다 신용카드를 사용하는 것이 좋습니다. 결제 후에 피해가 발생했다면 어떻게 해결할 수 있을까요? ● **다음 차시 예고**	(PPT #15)	10분

학습 내용 정리

01 한국의 국민경제 설명하기

1 국민경제의 주체

1) 가계: 재화와 서비스를 소비하는 역할을 수행함. 기업에 토지, 노동, 자본을 제공함
2) 기업: 재화와 서비스를 생산하는 역할을 담당함. 토지, 노동, 자본의 대가로 지대, 임금, 이자를 제공함
3) 정부: 가계와 기업으로부터 받은 세금으로 국가를 운영함

2 물가와 실업

1) 물가: 전반적인 물건의 가격. 물가가 오르면 돈의 가치가 떨어져 소득이 줄어드는 효과가 나타나기 때문에 물가상승률을 낮추도록 노력해야 함. 실제 물가상승률에 비해 체감물가가 더 높게 느껴질 수 있음
2) 실업: 일할 의사가 있으나 일하지 못하는 것. 일을 하지 못해 소득이 없어서 개인적으로나 사회적으로 문제가 됨. 실업률을 줄이기 위해 노력해야 함. 최근 청년 실업률이 높아지고 있어서 일자리를 늘리기 위해 노력하고 있음

02 세계 속의 한국 경제

1 국제거래를 통해 성장하는 한국 경제

1) 한국은 수출주도형 경제성장정책으로 2018년에는 세계에서 7번째로 연간 수출액 6,000억 달러를 돌파함
2) 한국은 세계로 해외투자나 해외여행을 늘리고 있고, 한국으로 들어오는 투자와 여행도 늘어나고 있음

2 환율과 국제거래

1) 국제거래를 할 때는 다른 나라의 화폐로 교환해야 하기 때문에 환율이 중요함
2) 환율이 오르면 수출에 유리하나 수입에는 불리함
3) 환율이 오르면 해외 송금에는 불리하고, 환율이 내려갈 때 해외여행을 하면 유리함

이야기 나누기 예시 답안

해외 인터넷 쇼핑몰 할인 기간에 TV 가격이 싸서 구입한 적이 있습니다. 배송이 오래 걸려서 불편하기도 했어요.

본문 용어 해설

OECD 경제협력개발기구(Organization for Economic Cooperation and Development)의 약자로 시장경제와 다원적 민주주의, 인권존중을 기본가치로 회원국들의 경제성장과 인류의 복지증진을 도모하는 기구이다. 2023년 기준 회원국은 38개국이며, 한국은 1996년 12월에 29번째 회원국으로 가입했다.

한국 경제의 과거/현재/미래

※ 다음은 한국의 경제 상황 변화를 보여주는 가상의 뉴스입니다. 이런 상황에서 인터뷰하는 사람들이 어떤 이야기를 할 것인지 예상해서 적어 봅시다.

뉴스	인터뷰 내용
앵커: 최근 명절을 앞두고 과일과 채소 등을 중심으로 물가가 크게 오르고 있습니다. 여기에 교통 요금이나 가스 요금 등 공공요금도 지난해 말부터 계속 오르고 있습니다.	○ 직장인: 예전보다 확실히 교통비가 더 많이 나오는 것 같아요. 용돈으로 생활하기 힘드네요. ○ 가정주부: ______________________
앵커: 최근 한국의 경제 상황이 악화되면서 미국 달러화 대비 원화의 가치가 크게 떨어졌습니다. 환율이 크게 오른 것이지요. 한국 경제에 큰 변화가 있을 것으로 예상됩니다.	○ 해외로 송금하는 사람: 해외에 있는 자녀에게 돈을 보내야 하는데 한국 돈으로 똑같은 금액을 보내도 해외에서 환전하면 예전보다 많이 줄었다고 하더라고요. ○ 해외여행자: ______________________

도움 자료

- **물가 상승:** 소득은 그대로인데 물가가 오르면 살 수 있는 재화와 서비스의 양이 줄어든다. 이는 소득이 줄어든 것과 같은 효과를 가져온다. 가정주부들은 생활에 필요한 물건을 사야 하는데 물가가 오르면 그러한 물건을 충분히 구입하기 어렵게 된다.
- **환율 상승:** 환율이 오른다는 것은 한국 돈인 원화의 가치가 떨어진다는 뜻이다. 즉, 환율이 오르면 한국 돈은 그대로여도 외국돈으로 바꾸면 이전보다 더 적은 금액이 된다. 해외여행을 할 때는 한국 돈을 외국돈으로 바꾸어야 하는데 예전에 비해 더 많은 한국 돈이 필요하게 된다.

심화자료

1. 수출주도형 경제성장

수출주도형 경제성장은 한국이 1960년대와 70년대 '한강의 기적'으로 불리는 경제성장을 이룩한 이유 중 하나이다. 한국은 자원은 부족한 반면 양질의 저임금 노동력은 상대적으로 풍부했다. 이런 상황에서 한국은 중간재를 수입해서 조립하고 가공해 수출하는 가공무역 방식의 산업을 발전시켰다. 특히 한국은 산업화에 성공한 나라들의 경험을 모방하면서 빨리 따라잡는 데 힘썼다. 당시 한국의 주력 수출품이었던 자동차나 가전 등은 미국이나 일본 등에 비해 제품 경쟁력이 낮았다. 하지만 과감한 투자와 낮은 임금을 받는 노동자들의 헌신을 통해 생산비용을 낮춤으로써 무역에서 수익을 발생시켰고 이를 다시 투자하여 점점 더 제품의 경쟁력을 갖추게 되었다. 처음에는 기술도 거의 없었던 반도체, 자동차, 철강, 조선, 화학 등이 오늘날 한국의 주력 산업이 된 것도 바로 이런 과정 덕분이다.

2. IMF 사태를 보여주는 장면

1997년 대한민국 경제는 큰 위기를 겪게 되었다. 당시 한국은 외환보유고가 바닥나면서 일시적으로 해외 채무를 갚을 수 없는 상황에 놓이게 되었다. 당시 이를 해결하기 위해 국제통화기금(IMF)으로부터 구제금융을 요청하게 되었고 그 대가로 국제통화기금의 수많은 요구를 받아들여야 했다. 당시 상황에서 주목해 볼 것들은 다음과 같다. 첫째, 당시 한보그룹을 시작으로, 진로, 기아, 해태, 쌍용 등 30대 대기업에 속하는 17개의 대기업이 줄줄이 도산하였다. 둘째, 기업이 도산하면서 실업자가 속출했다. IMF 구제금융을 신청한 이듬해인 1998년 127만 명이 일자리를 잃고 실업자 수는 57만 명에서 150만 명으로 세배 가까이 뛰었다. 셋째, 한국의 주식시장이 폭락했다. 95년 당시 1,200선 가까이 갔던 코스피 지수는 97년 12월에는 400선을 밑돌았고, 이듬해 6월에는 280까지 떨어졌다. 넷째, 원-달러 환율이 2,000원에 육박했다. IMF 이전까지 원-달러 환율은 800원 초중반대였으나 1997년 12월 23일에는 1,962원까지 올랐다. 당시 유학생들은 한국으로 되돌아왔고, 대학생들도 휴학과 군입대를 자원했다. 다섯째, 집값이 폭락했다. 1998년 한 해 동안 집값은 평균 12.4%, 전세금은 18% 넘게 떨어졌다. 여섯째, 금리가 폭등했다. IMF 금융위기 당시 사람들은 불안해서 현금을 쥐고 있었고 돈이 시중에 잘 돌지 않았다. 은행은 1년 확정 금리 20%, 3년 65%를 내걸기도 했다. 일곱째, 금 모으기 운동이 벌어졌다. 외환위기에 대한 불안감으로 국민들은 자기 집에 있는 금반지 등을 나라 살림에 보태 쓰라고 기증하기 시작했고, 3백만 명 이상이 참여한 이 금 모으기 운동에 금 200톤 이상이 모였다. [출처] 허핑턴포스트코리아, 2017.11.21. 참고

3. 환율 변동이 수출입에 미치는 효과

환율 변동은 한국 기업의 수출과 수입에 큰 영향을 미친다. 환율이 떨어져 원화 가치가 올라가면 달러로 표시된 수출 상품의 가격이 오르게 된다. 이 경우 한국 상품의 가격이 다른 나라에 비해 상대적으로 높아서 해외에서 물건이 잘 팔리지 않아 수출이 줄어들게 된다. 하지만 원화 가치가 올랐다는 것은 달러로 표시된 외국 물건의 가격이 상대적으로 낮다는 것을 뜻한다. 따라서 해외의 물건이 한국에서 더 잘 팔리게 되므로 수입이 늘어나게 된다.

환율 변동의 효과

	환율 하락	환율 상승
수출	수출하는 상품의 가격 상승 ⇒ 수출 감소	수출하는 상품의 가격 하락 ⇒ 수출 증가
수입	수입하는 상품의 가격 하락 ⇒ 수입 증가	수입하는 상품의 가격 상승 ⇒ 수입 감소

참고자료

국가기록원 http://theme.archives.go.kr/
ODA KOREA http://www.odakorea.go.kr/
FTA 강국, KOREA https://www.fta.go.kr/

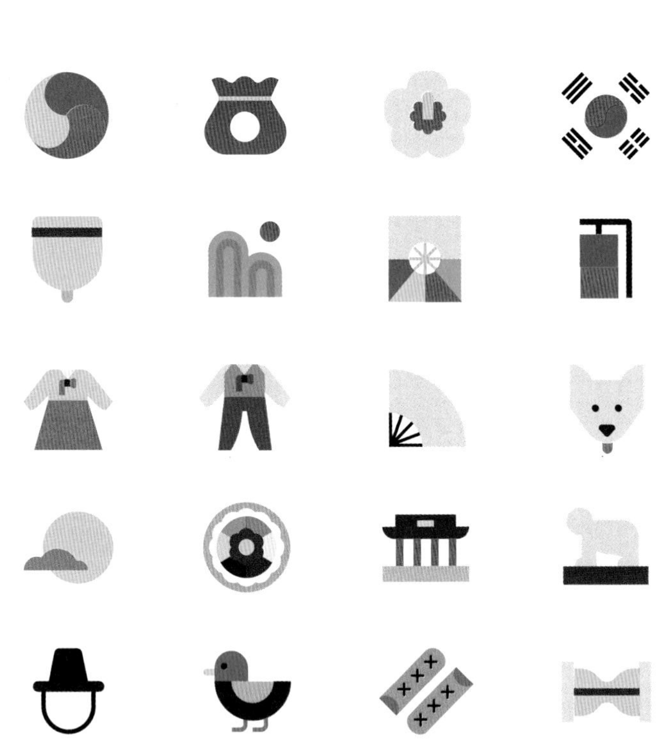

제 5 편

대한민국의 법질서

17. 가족 문제와 법
18. 재산 문제와 법
19. 직장생활과 법
20. 범죄와 법

17 가족 문제와 법

교재 102-105쪽

이 차시의 목표는 개인의 삶에서 큰 비중을 차지하는 가족과 관련하여 발생하는 다양한 문제에 대한 법적 처리 방법을 이해하는 것이다. 이를 위해 혼인, 이혼, 출생, 사망, 상속 등의 상황에서 적용되는 다양한 법의 내용과 절차를 학습한다.

단계		교수학습활동	교수 자료	시간
도입	생각해보기	● **친척들의 관계도를 통해서 가족의 범위에 대해 생각해 보기** 그림에는 친척들의 관계도가 나타나 있습니다. 여러분들은 어디까지 가족에 해당한다고 생각하나요? 그렇게 생각하는 이유는 무엇인가요? 가족의 범위를 정하는 것은 왜 중요할까요?	(PPT #1-3)	4분
	학습목표	● **학습목표 제시** 1. 가족관계에서 법의 역할을 설명할 수 있다. 2. 이혼 상황에서의 법적 문제 해결 과정을 설명할 수 있다. ● **이번 차시와 관련된 교재의 단원 확인하기**	(PPT #4)	1분
전개	주제1 (강의)	● **법에 규정된 가족과 친족의 범위에 대해 설명하기** 여러분들의 가족은 어떻게 구성되어 있나요? 한국에서는 법적으로 가족의 범위를 어떻게 정하고 있을까요? 친족은 가족과 어떤 게 다를까요? 친족 간에는 어떤 권리와 의무가 있을까요? ● **법률혼과 사실혼, 동거의 차이 설명하기** 법적으로 부부가 되기 위해 꼭 필요한 절차가 무엇일까요? 혼인신고를 하지 않은 사실혼의 경우 법률혼과 어떤 차이가 있을까요? 사실혼과 동거의 차이는 무엇일까요?	(PPT #5-7)	10분
	알아두면 좋아요 1	● **법률혼과 사실혼의 차이 알아보기** 법률혼과 사실혼을 구별하는 것은 혼인신고 여부입니다. 법률혼과 사실혼은 어떤 차이가 있을까요? 법률혼에서는 보장되는데 사실혼에서는 보장되지 않는 것은 무엇인가요?	(PPT #8)	5분
	주제2 (강의)	● **협의 이혼과 재판상 이혼에 대해 설명하기** 협의 이혼과 재판상 이혼의 차이는 무엇일까요? 이혼숙려기간을 두는 이유는 무엇일까요? 협의 이혼을 하지 않고 재판을 하는 이유는 무엇일까요? 재판을 통해 이혼할 수 있는 사유에는 어떤 것이 있을까요? ● **이혼 이후의 법적 권리에 대해 설명하기** 이혼을 하게 되면 누가 자녀를 양육할지는 어떻게 결정할까요? 자녀를 양육하는 쪽에서 양육과 관련된 비용을 청구할 수 있을까요? 이혼을 할 때 재산을 분배받을 수 있나요? 위자료는 왜 받는 것일까요?	(PPT #9-11)	10분
	알아두면 좋아요 2	● **이혼 조정 제도 소개하기** 이혼에 대해 상대방과 생각이 다를 때 재판까지 가지 않고 해결할 수 있는 방법이 있을까요? 재판은 시간이 많이 걸리고 비용도 많이 드는 단점이 있습니다. 이혼 조정 제도에 대해 들어본 적 있나요?	(PPT #12)	5분
정리	정리하기	**주요 내용 정리**	(PPT #13-14)	5분
	이야기 나누기	● **가정폭력에 대해 이야기 나누기** 가정폭력은 국가에 의해 처벌을 받는 범죄입니다. 가정폭력 문제가 생겼을 때 도움을 받으려면 어떻게 하면 좋을까요? ● **다음 차시 예고**	(PPT #15)	10분

학습 내용 정리

01 가족관계와 법

1 법에 규정된 가족과 친족의 범위

1) 가족: 배우자, 자신의 부모와 자녀, 형제자매가 해당됨. 자녀의 배우자, 배우자의 부모, 배우자의 형제자매는 함께 살고 있는 경우에 포함됨

2) 친족: 8촌 이내의 혈족, 4촌 이내의 인척, 배우자

3) 생계를 함께 하는 친족 간에는 기본적인 부양 의무와 재산 상속권이 생기기도 함

2 혼인의 종류

1) 법률혼: 혼인 신고를 통해 법으로 인정되는 혼인

2) 사실혼: 부부로 함께 생활하지만 혼인 신고를 하지 않은 경우. 상대방이 다른 사람과 혼인해도 이중 혼인으로 취급받지 않음

3) 동거: 혼인할 의사가 없으나 함께 사는 경우. 부부로서 법적 보호를 받을 수 없음

02 이혼과 법

1 이혼의 종류

1) 협의이혼: 두 사람의 합의에 따라 이혼하는 것. 이혼숙려기간을 거쳐 이혼하게 됨

2) 재판상이혼: 부부 중 한쪽이 이혼에 동의하지 않아 재판으로 이혼하는 것. 법으로 정해진 여섯 가지 재판상 이혼 사유가 있음

2 이혼 이후의 법적 권리

1) 양육자, 양육 비용, 면접교섭권 등에서 협의가 안 되면 가정법원에서 결정함

2) 자녀를 양육하는 측에서는 상대방에게 양육비를 청구할 수 있으며, 자녀를 양육하지 않는 측에서는 면접교섭권을 주장할 수 있으나 경우에 따라 제한될 수 있음

3) 재산분할을 주장할 수 있으며, 이혼의 책임이 있는 배우자는 상대방에게 위자료를 지급해야 함

이야기 나누기 예시 답안

- 가정폭력의 문제점과 법적 처벌에 관한 내용을 알리는 공익 광고를 늘리면 좋겠어요.
- 부부가 함께 참여하여 다른 나라의 언어와 문화를 배우는 프로그램이 늘어나면 좋겠어요.

본문 용어 해설

부양 의무 한국의 법에서는 부양 의무가 있는 친족을 직계 혈족, 배우자, 생계를 같이 하는 친족으로 규정하고 있다. 부양의무자는 자신의 사회적 지위에 상응하는 생활을 하면서 생활에 여유가 있다면 친족이 자력으로 생활을 유지할 수 없는 경우에 한하여 그의 생활을 지원해야 한다.

이혼숙려기간 이혼숙려기간은 부부가 이혼에 대해 다시 고민하는 시간을 갖도록 해서 이혼 결정에 신중을 기하도록 하는 것이 목적이다. 미성년 자녀가 있으면 3개월, 없으면 1개월의 시간이 주어진다. 이 기간을 거쳐서 이혼의사가 없어지면 '이혼 취하서'를 제출하면 되고, 특별한 사유로 이혼숙려기간을 줄이고자 한다면 '단축 사유서'를 제출하면 된다. 이혼숙려기간 이후에도 이혼 의사가 확실하다면 두 사람이 가정법원에 동반 출석해서 의사를 확인받으면 이혼이 성립된다.

부부는 서로 어떤 노력을 해야 할까요?

※ 다음은 부부간에 지켜야 할 법적 책임입니다. 여러분이 생각하는 중요한 책임은 무엇인가요?

부부간의 법적 책임	내가 생각하는 가장 중요한 책임
1. 부부는 동일한 장소에서 생활을 같이 하여야 한다. 2. 부부는 서로 부양하고 협조해야 한다. 3. 부부의 공동생활에 필요한 비용은 부부가 공동으로 부담해야 한다.	

※ 다음은 법에 나타난 재판상 이혼 사유이다. 여러분이 생각하는 이혼 사유는 무엇인가요?

재판상 이혼 사유	배우자가 해서는 안 된다고 생각하는 행위 (내가 생각하는 이혼 사유 세 가지)
1. 배우자가 부정한 행위를 저지른 경우 2. 부부로서 동거하지 않거나 상대방을 부양하지 않는 경우 3. 배우자나 그의 부모로부터 매우 부당한 대우를 받은 경우 4. 자신의 부모가 배우자로부터 매우 부당한 대우를 받은 경우 5. 배우자가 살았는지 죽었는지 3년이 넘도록 알 수 없는 경우 6. 기타 혼인을 계속하기 어려운 중대한 사유가 있는 경우	

도움 자료

● 기타 혼인을 계속하기 어려운 중대한 사유로 인정되는 것들

기존의 판례에 따르면 혼인관계가 돌이킬 수 없을 정도로 어려운 경우가 여기에 해당된다. 즉, 혼인은 기본적으로 부부 사이의 애정과 신뢰에 기반하는데 이미 부부간의 관계가 파탄이 나서 애정과 신뢰를 찾아보기 힘든 상황이라면 혼인 생활을 강제하는 것이 당사자들에게 너무나도 큰 고통이 될 수 있다. 이런 점에서 부부관계의 어려움 정도, 혼인을 계속하려는 의사 유무, 어려움의 원인에 대한 책임 유무, 자녀의 유무, 당사자의 연령, 이혼 후 생활 보장 등을 두루 고려하여 혼인을 지속하기 어려운지를 판단하게 된다.

심화자료

1. 동거와 사실혼

사실혼이란 사실상 부부로서 혼인 생활을 하고 있으면서도 혼인신고를 하지 않았기 때문에 법률혼으로 인정되지 않는 부부관계를 말한다. 혼인의 의사로 결혼식까지 올렸으나 여러 가지 사정으로 혼인신고를 미루고 있는 경우가 대표적인 사실혼 사례이다. 이때 사실혼과 구분해야 할 것이 동거이다. 동거는 함께 살기로 협의하고 한 집에서 공동생활을 하는 것인데 이러한 동거를 모두 사실혼으로 볼 수는 없다. 사실혼으로 인정받기 위해서는 당사자들 간에 혼인의 의사가 있어야 하고, 부부의 공동생활이라고 인정할 만한 실체가 있어야 하며, 사회적 정당성을 갖추어야 한다. 즉, 연애기간 동안의 단순하고 일시적인 동거나, 불륜 관계에서의 동거 등은 사실혼으로 인정받을 수 없다.

2. 이혼과 재산분할

부부가 이혼하게 되면 결혼생활 중 취득한 재산의 분할을 청구할 수 있다. 이를 재산분할 청구권이라고 한다. 재산분할에 관해 부부간에 협의가 되지 않을 때는 부부 중 일방이 상대방을 대상으로 가정법원에 재산분할을 청구할 수 있다. 재산분할의 대상은 원칙적으로 부부가 혼인 중에 함께 노력하여 생성한 재산이어야 한다. 따라서 혼인 전부터 부부 일방이 보유하고 있던 재산은 원칙적으로 분할의 대상이 되지 않는다. 하지만 혼인 생활 기간 동안 그 재산의 유지에 적극 기여한 점이 인정되면 재산분할의 대상이 되기도 한다. 분할하는 재산에는 부동산, 예금, 증권, 대여금 등도 모두 포함되고, 갚아야 할 돈이 있을 경우 그 재산에서 공제하게 된다. 그 외에 배우자의 도움으로 의사나 변호사 자격증을 취득한 경우에는 이 부분도 재산분할의 고려 대상이 되며, 퇴직금이나 연금 등도 고려해야 한다.

3. 가정폭력에도 혼인을 유지하는 이유

2017년 국가인권위원회의 '결혼 이주민의 안정적 체류 보장을 위한 실태조사'에 따르면 결혼 이주여성들이 남편의 폭력에도 혼인 관계를 유지하는 가장 주된 이유는 자녀 양육 문제 때문이었다. 과거 비슷한 처지의 결혼 이주여성들이 이혼을 요구했다가 양육권 소송에서 지는 경우가 많았기 때문이다. 법원에서는 남편의 잘못을 인정하면서도 양육권은 경제력이 있는 쪽이 가져야 한다는 취지에서 결정한 경우가 많았다. 최근에는 법원의 이러한 해석이 문제가 있다는 지적이 나오고 있다.

결혼 이주여성들이 남편의 폭력에도 혼인 관계를 유지하는 이유 단위: %, 복수 응답.

자녀에게 피해를 줄까 봐 걱정돼서	52.8
자녀를 양육하지 못할까 봐 걱정돼서	25
남편 및 가족과의 갈등 관계가 회복돼서	21.1
체류 자격이 불안정해질까 봐 두려워서	19.7
남편 및 가족의 보복이나 신고가 두려워서	7.9

국내 결혼 이주여성 920명 중 가정폭력 피해 경험이 있다고 답한 387명을 대상으로 조사.

자료: '결혼 이주민의 안정적 체류 보장을 위한 실태조사'(국가인권위원회 2017년)

[출처] 동아일보 2019년 7월 12일 기사 참고

참고자료
서울가정법원 http://www.slfamily.scourt.go.kr/
여성폭력 사이버 상담 http://www.women1366.kr/
대한민국 법원 전자민원센터 http://help.scourt.go.kr/

18 재산 문제와 법

교재 106-109쪽

이 차시의 목표는 개인이 노력한 결과로 얻게 된 재산과 관련된 여러 가지 분쟁에서 법적인 해결 방안에 대해 이해하는 것이다. 이를 위해 유언이나 상속, 계약과 내용증명 등 재산과 관련된 기본적인 법적 내용을 학습한다.

단계		교수학습활동	교수 자료	시간
도입	생각해보기	● **유언장에 담긴 내용 확인하기** 제시된 유언장을 한 번 읽어봅시다. 유언장에 어떤 내용들이 있나요? 유언장에 어떤 요소들이 반드시 포함되어야 할까요? 자신이 유언을 한다면 어떤 내용을 담고 싶은지 말해 봅시다.	(PPT #1-3)	4분
	학습목표	● **학습목표 제시** 1. 상속과 관련된 법적 문제 해결 과정을 설명할 수 있다. 2. 법을 통한 재산 분쟁 해결 과정을 설명할 수 있다. ● **이번 차시와 관련된 교재의 단원 확인하기**	(PPT #4)	1분
전개	주제1 (강의)	● **죽음과 유언에 관한 법적 내용 설명하기** 사람이 죽었을 때 법적으로 어떤 처리가 필요할까요? 사망진단서는 어디서 받을 수 있을까요? 사망신고는 어디서 할까요? 유언이 무엇인지 아나요? 유언은 법으로 정해진 형식이 있습니다. ● **상속에 관한 법적 내용 설명하기** 죽은 사람이 남긴 재산을 누가 물려받게 될까요? 상속 순위에 대해 들어본 적이 있나요? 배우자와 자녀 중 누가 더 많이 상속받아야 할까요? 이런 사례에서 배우자와 자녀는 얼마씩 상속받게 될까요?	(PPT #5-7)	10분
	알아두면 좋아요 1	● **유언의 방식 알아보기** 모든 유언이 효력이 있는 것은 아닙니다. 유언은 반드시 법적 형식을 지켜야 한다는 것을 알고 있나요? 어떤 것을 꼭 포함해야 할까요?	(PPT #8)	5분
	주제2 (강의)	● **재산과 관련된 분쟁의 법적 해결 방법 설명하기** 돈을 빌려주었는데 받기 힘들어졌다면 법적으로 어떻게 해야 할까요? 가처분이나 가압류는 언제 하는 것일까요? 임대차 계약 기간이 끝난 후에 집주인이 보증금을 주지 않는다면 어떻게 해야 할까요? ● **내용증명 활용 방법 설명하기** 법적 분쟁이 일어났을 때 상대방에게 자신의 행위를 증명하기 어려울 수 있습니다. 이때 활용할 수 있는 것이 내용증명입니다. 언제 내용증명을 하면 좋을까요? 내용증명은 어디에서 할까요?	(PPT #9-11)	10분
	알아두면 좋아요2	● **소액사건 심판제도 이해하기** 일반적으로 재판은 시간이나 비용이 많이 드는데 적은 금액일 경우에는 어떻게 해결하면 좋을까요? 소액사건 심판제도라고 들어본 적 있나요? 이때 소액은 얼마를 기준으로 할까요?	(PPT #12)	5분
정리	정리하기	**주요 내용 정리**	(PPT #13-14)	5분
	이야기 나누기	● **법정 상속분에 대해 소개하기** 유언자가 자신의 재산을 가족에게 남기지 않은 경우 가족들의 삶은 어떻게 될까요? 이런 문제를 막기 위한 방법이 있을까요? ● **다음 차시 예고**	(PPT #15)	10분

학습 내용 정리

01 상속 상황에서 법의 역할

1 죽음과 유언

1) 사망 시 법적 처리: 병원에서 사망 진단서를 발급받아 30일 이내에 구청이나 행정복지센터에 사망신고를 해야 함
2) 유언: 죽음을 앞두고 자신의 의사를 남기는 것. 유언 내용, 주소, 날짜 등 반드시 정해진 형식을 갖추어야 법적 효력이 생김

2 상속

1) 상속: 고인이 남긴 재산(빚 포함)을 물려받는 것. 일정 기간 내 상속을 승인하거나 포기할 수 있음
2) 상속순위: 직계비속이 상속 1순위, 직계존속이 상속 2순위임. 배우자는 1순위나 2순위 상속자와 공동 상속인이 됨. 앞선 순위의 사람이 상속받으며, 같은 순위의 사람이 여러 명이면 똑같이 나누어 받게 됨. 단, 배우자의 경우 자녀의 1.5배를 상속받게 됨

02 법을 통한 재산 분쟁 해결

1 돈을 빌려주었다가 피해를 입게 된 경우

1) 재산이 있는데도 갚지 않을 가능성이 있다면 법원에 가압류와 가처분 신청
2) 집주인이 보증금을 주지 않았는데 이사해야 할 경우 법원에 임차권 등기명령을 신청
3) 돈을 갚지 않아 생긴 피해는 민사소송을 통해 해결

2 내용증명

1) 상대방에 대한 자신의 의사표시를 증명하는 방법
2) 우체국에 신청할 수 있으며, 인터넷 우체국을 활용할 수도 있음

이야기 나누기 예시 답안

죽은 사람과 매우 가까운 관계여서 상속을 기대했을 수 있는데 상속을 받지 못하여 경제적으로 어려움을 겪을 수 있어요.

본문 용어 해설

사망신고 고인이 사망하여 주민등록에서 삭제하고자 신고하는 것. 고인의 사망 사실을 안 날로부터 30일 이내에 가까운 구청이나 행정복지센터에 방문하여 신고해야 하며 신고하지 않을 경우 5만원 이하의 과태료가 부과된다. 사망신고가 끝나면 상속 등을 위해 '사망자 재산조회' 신청을 하는 것이 좋다.

가압류, 가처분 금전이나 금전으로 바꿀 수 있는 것을 그대로 내버려 둘 경우 나중에 강제 집행이 어렵게 될 수 있어서 이를 대비하기 위해 미리 채무자의 재산을 보전하고 그 변경을 금지하여 장래에 강제집행할 수 있도록 하는 법적 절차. 채권자가 청구 내용과 보전의 필요를 소명하여 신청하면 법원에서 결정한다.

법정상속분은 얼마일까요?

다음 상황에서 법에 따라 남은 가족들이 각자 받게 될 상속 액수를 계산해 봅시다.

나성실 씨는 오랜 기간 사업을 하며 성실하게 일하여 돈을 벌고 검소한 생활을 하며 재산을 모았다. 그러던 중 나성실 씨가 불의의 교통사고를 당하게 되었다. 병원에서의 치료에도 불구하고 나성실 씨는 별다른 유언도 남기지 못하고 사망하고 말았다. 나성실 씨가 사망하고 난 후 남긴 재산은 현금으로 총 1억 8천만 원이었다. 나성실 씨의 가족들은 법에 정해진 상속분에 따라 재산을 나누어 갖기로 결정하였다.

〈나성실 씨의 가족〉

이름	나이	관계	주장	상속 금액
정모자	67	나성실 씨의 어머니	성실이를 지금까지 키운 건 누가 뭐래도 엄마지. 내가 많이 상속받아야 해.	
나성공	47	나성실 씨의 동생	저는 성실이 형의 하나뿐인 동생이에요. 우애가 좋았던 저희 형제 관계를 고려해 주세요.	
김내조	43	나성실 씨의 아내	그래도 부부가 가장 가까운 사이 아닌가요? 당연히 아내인 제가 많이 상속받아야 합니다.	
나일녀	13	나성실 씨의 딸	아버지는 늘 딸바보라고 불릴 만큼 저를 많이 사랑하셨어요. 그 사랑을 기억해 주세요.	
나이남	10	나성실 씨의 아들	아버지는 우리 집에서 제가 가장 듬직하다고 하셨어요. 그 의미를 생각해 주세요.	
나삼녀	5	나성실 씨의 딸	아버지가 집에 오시면 항상 저와 시간을 가장 많이 보내셨거든요. 막내라는 점도 고려해 주세요.	

도움 자료

1. 상속 순위에서 1순위는 직계비속이며, 2순위는 직계존속, 3순위는 형제자매, 4순위는 4촌 이내 방계 혈족이다. 배우자는 1순위 또는 2순위 상속자와 공동 상속인이 된다.
2. 상속은 순위가 앞선 사람이 받고 후순위에 있는 사람은 받지 못한다. 예를 들어 상속에서 1순위가 없고, 2순위인 사람과 3순위인 사람이 있다면 2순위의 사람만 받는다.
3. 같은 순위의 사람이 여러 명이면 모두 똑같이 나누어 받는다.
4. 같은 1순위인 배우자와 자녀가 함께 상속받을 경우에는 배우자가 자녀 1명의 1.5배를 받는다.

심화자료

1. 유언장 작성 방법

유언은 죽기 전에 남아 있는 사람에게 남길 수 있는 말을 뜻한다. 특히 재산과 관련하여 유언을 할 경우에는 법적인 요건에 맞추어야 효력이 발생한다. 대표적인 유언방식인 자필 유언장의 경우 다음과 같은 규칙을 지켜야 한다.

① 내용, 작성 연월일, 주소, 성명을 모두 직접 손으로 써야 한다.

② 반드시 도장을 찍어야 한다(인감도장과 지장 모두 가능).

③ 날짜는 연월뿐만 아니라 일까지 정확히 적어야 한다.

④ 주소 역시 아파트의 경우 정확한 동과 호수까지 나와야 한다.

(자필증서 유언의 작성 예시)

유언장

나 홍길동이 죽으면 다음과 같이 처리해 주기 바랍니다.

1. 부동산 A는 장남에게 상속한다.
2. 은행에 예금된 약 2,000만원은 장녀에게 상속한다.
3. 경기도 여주에 있는 땅(○○면 ◇◇리)은 처에게 준다.
4. 유언집행자는 △△△로 한다.
5. 장례식은 간소하게 하며 시신은 화장해서 납골당에 안치하기 바란다.

2020. 1. 20.
서울시 종로구 수송동 999번지

유언자 홍길동 (인)

2. 상속 재산보다 빚이 더 많다면?

죽은 사람의 재산보다 채무가 더 많을 경우 상속을 받게 되면 상속인에게 많은 채무가 발생할 수 있다. 따라서 이런 경우에는 상속 개시 후 3개월 이내에 상속을 전적으로 포기하면 원하지 않는 채무를 지지 않아도 된다. 한편, 죽은 사람의 재산과 채무 중 어느 쪽이 더 많은지 모를 경우에는 상속 한정승인을 신청할 수 있다. 상속 개시 후 3개월 이내에 상속 한정승인을 신청하면 나중에 채무를 알게 되더라도 상속받은 재산 한도 내에서만 채무를 갚으면 된다.

3. 상속세

고인이 죽고 상속인에게 재산이 상속될 경우 세금이 부과된다. 사망일이 속하는 달의 말일부터 6개월 이내에 신고하고 납부해야 한다. 상속세율은 상속 금액에 따라 달라진다.

과세표준	세율	누진공제
1억 원 이하	10%	0원
5억 원 이하	20%	1000만 원
10억 원 이하	30%	6000만 원
30억 원 이하	40%	1억6000만 원
30억 원 초과	50%	4억6000만 원

예를 들어, 상속받은 금액 중에서 과세표준에 해당하는 금액이 3억이라고 해보자. 이 경우 1억에 대한 세금은 1억 × 10% = 1천만 원이 된다. 나머지 2억에 해당하는 금액은 1억~5억 구간에 해당하므로, 2억 × 20% = 4천만 원이다. 따라서 총 상속세액은 5천만 원이 된다. 위에 있는 누진공제를 활용하면 계산이 더욱더 쉬워진다. 이 경우 과세표준 × 세율 – 누진공제액으로 계산하면 된다. 즉, 과세표준이 3억일 경우 5억 원 이하에 해당하므로 3억 × 20% - 1,000만 원 = 5천만 원이 된다.

참고자료
국가법령정보센터 http://law.go.kr
우체국 증명서비스 http://service.epost.go.kr
대한민국 법원 전자민원센터 http://help.scourt.go.kr/

19 직장생활과 법

교재 110-113쪽

이 차시의 목표는 직장에서 근로자들이 자신의 권리를 보장받고 행복하게 일할 수 있도록 하는 다양한 법과 제도에 대해 이해하는 것이다. 이를 위해 비정규직 노동자를 위한 법적 권리와 직장에서 노동자를 보호하는 법의 내용에 대해 학습한다.

단계		교수학습활동	교수 자료	시간
도입	생각해보기	● **아르바이트에 대해 이야기 나누기** 그림에 나타난 장면들은 어떤 아르바이트 장면일까요? 자신이 해본 특별한 아르바이트 경험이 있다면 말해 봅시다. 정규직으로 일하는 것과 아르바이트의 차이점은 무엇인가요? 어떤 어려움이 있을까요?	(PPT #1-3)	4분
	학습목표	● **학습목표 제시** 1. 비정규적 근로자를 보호하기 위한 법을 설명할 수 있다. 2. 안전한 직장 생활을 위해 근로자를 보호하는 법을 설명할 수 있다. ● **이번 차시와 관련된 교재의 단원 확인하기**	(PPT #4)	1분
전개	주제1 (강의)	● **비정규직 근로자의 여건과 상황 소개하기** 정규직 근로자와 비교할 때 비정규직 근로자의 근로 여건은 어떤 차이가 있을까요? 한국에서 비정규직 근로자의 수는 어느 정도일까요? 아르바이트에 대해 알고 있나요? ● **비정규직 근로자의 법적 권리 설명하기** 정규직 근로자와 비정규직 근로자를 차별해도 될까요? 사업주가 차별했을 때 어떻게 대응할 수 있을까요? 단시간 근로자에게는 어떤 권리를 보장하고 있을까요?	(PPT #5-7)	10분
	알아두면 좋아요 1	● **감정 노동자 보호 법률에 대해 알아보기** 요즘 콜센터 등에 전화했을 때 어떤 말을 들을 수 있나요? 고객 응대 근로자들은 어떤 어려움이 있을까요?	(PPT #8)	5분
	주제2 (강의)	● **직장 성희롱에 대한 법적 규정 설명하기** 직장에서의 지위를 이용하여 근로자를 괴롭히는 것은 법으로 금지되어 있습니다. 성희롱에 대해 들어본 적 있나요? 어떤 경우가 성희롱에 해당되나요? 성희롱을 당했다면 어떻게 해결해야 할까요? ● **모성 보호를 위한 법 설명하기** 한국사회에서 출산과 양육을 장려하고 있다는 것을 알고 있나요? 모성이란 무엇일까요? 임신한 여성에게는 어떤 권리가 주어질까요? 출산전후에 휴가를 사용할 수 있다는 것을 알고 있나요?	(PPT #9-11)	10분
	알아두면 좋아요 2	● **육아휴직 소개하기** 아이를 키우기 위해 휴직을 할 수 있다는 것을 알고 있나요? 남성도 육아휴직을 할 수 있을까요? 아이가 몇 살까지 육아휴직이 가능할까요?	(PPT #12)	5분
정리	정리하기	**주요 내용 정리**	(PPT #13-14)	5분
	이야기 나누기	● **성희롱 예방을 위한 노력에 대해 이야기 나누기** 직장 내 성희롱을 예방하기 위해 한국에서는 어떤 노력을 하고 있을까요? 직장에서 성희롱 예방 교육을 들어본 적 있나요? ● **다음 차시 예고**	(PPT #15)	10분

학습 내용 정리

01 비정규직 근로자를 보호하기 위한 법적 노력

1 비정규직 근로자의 상황

1) 비정규직 근로자: 정규직에 비해 고용 기간이 짧음. 기간제 근로자와 단시간 근로자(아르바이트)로 구분됨
2) 비정규직 근로자는 임금 수준이 정규직에 비해 낮은 편임. 비정규직 근로자 수는 2019년 기준 전체 임금 근로자의 1/3을 넘어서고 있음

2 비정규직 근로자에 대한 불리한 대우 금지

1) 비정규직 근로자는 임금, 근로 조건, 복지 등의 측면에서 합리적인 이유 없이 부당한 차별을 받지 않아야 함
2) 비정규직 근로자 역시 근로계약서를 작성하고 최저임금을 보장받으며, 일정 조건을 충족할 경우 퇴직금, 연차휴가 등도 받을 수 있음

02 근로자를 보호하는 법

1 성희롱으로부터 보호해주는 법

1) 직장 성희롱: 직장에서 근로자에게 성적 언행으로 성적 수치심이나 혐오감을 불러일으키는 것. 법적 처벌의 대상임
2) 직장 성희롱 대처: 분명한 거부 의사를 밝히고, 고충처리기관에 신고하며, 고용노동부나 국가인권위원회, 민사재판 등을 통해 도움을 받을 수 있음

2 모성 보호를 위한 법

1) 목적: 사회구성원의 출산과 양육 지원
2) 보장내용: 생리휴가, 임산부의 근로시간 단축, 배우자의 출산에 대한 휴가, 1년 미안 유아를 가진 여성근로자에 대한 유급 수유 시간 제공 등

이야기 나누기 예시 답안

직장 상사가 여성 직원에게 듣기 싫은 성적 농담을 하는 경우가 있어요. 직장 구성원들이 모두 심각하게 받아들일 수 있도록 교육하고 안내하는 것이 필요해요.

본문 용어 해설

연차휴가 한국의 근로기준법에서 연차휴가는 1년을 기준으로 근무일의 80% 이상을 출근한 경우에 15일의 연차휴가가 자동으로 발생한다. 그보다 짧은 기간을 근무한 경우에는 1개월 개근시 1일씩의 유급 연차휴가가 주어진다. 신입사원의 경우 1년차 때 1개월당 1일(총11일)의 연차가 매달 부여되며, 2년차에는 별도로 15일의 연차를 부여받게 된다.

모성 생물학적으로 여성의 고유한 기능이라고 할 수 있는 임신과 출산 관련된 특성을 모성이라고 한다. 한국에서는 임신과 출산을 장려하기 위해 모성을 보호하는 법률을 마련하고 있다. 생리휴가, 출산전후휴가, 육아휴직 등이 대표적으로 모성 보호를 위해 만들어진 제도에 속한다.

내가 사업주라면 직원들을 위해 무엇을 할 것인가?

내가 사업주라면 어떤 회사를 만들 것인지 생각해서 말해 봅시다.

항목	답변
근로자를 위한 우리 회사의 특별한 복지 제도	(예시) 우리 회사는 아침 식사를 거르는 근로자들을 위해 매일 아침 간단한 토스트와 우유를 제공합니다.
아르바이트 근로자를 위한 제도	(예시) 우리 회사는 아르바이트 근로자들이 따로 쉬고 이야기할 수 있는 공간을 마련해 두고 있습니다.
성희롱, 성추행을 막기 위한 방법	(예시) 우리 회사는 성희롱을 신고하고 상담할 수 있는 부서를 따로 만들어두고 있습니다.
임신한 여성을 보호하기 위한 방법	(예시) 우리 회사는 임신한 여성들을 위한 출산용품을 선물로 지급합니다.
외국인 근로자를 위한 제도	(예시) 우리 회사는 외국인 근로자들을 위한 한국어 교육 프로그램을 운영합니다.

도움 자료

< 직원들을 위한 복지 제도 >

1) 건강 지원: 식사, 운동, 간식, 의료 서비스
2) 자기개발 지원: 각종 학원이나 학비 지원, 사내 도서관, 외국어 교사 지원
3) 가족 지원: 자녀 학비 지원, 결혼기념일 휴일 및 보너스 지급
4) 여가 지원: 회식비 지원, 공연 및 예술 감상비 지원, 여행비 지원

<성희롱 대처 방법>

1) 성희롱 장소와 시간, 구체적인 내용 등을 잘 기록하고 증거를 보관할 것
2) 가해자와 일대일로 만나지 않고 믿을 만한 동료에게 알릴 것
3) 회사 내 성희롱 및 고충처리센터에 사건에 대해 알리고 설명할 것
4) 고용노동부 등을 통해 상담서비스를 활용하고 법직 조치를 취할 것

1. 비정규직 현황

통계청 발표 자료(2023년 8월)에 따르면 2천만 명이 넘는 전체 인금근로자 중 비정규직이 차지하는 비중은 37%로 812만 명이 넘는다.

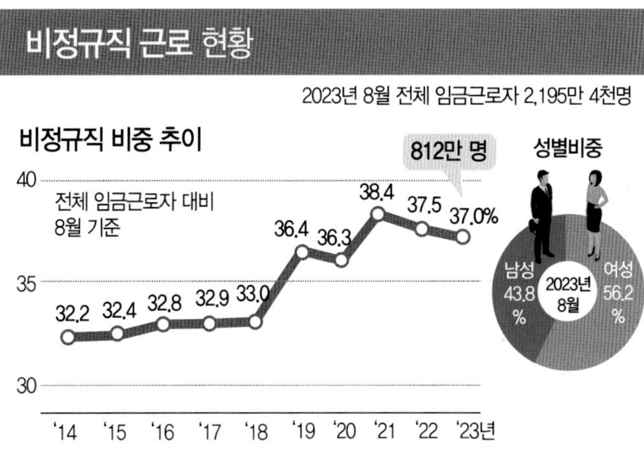

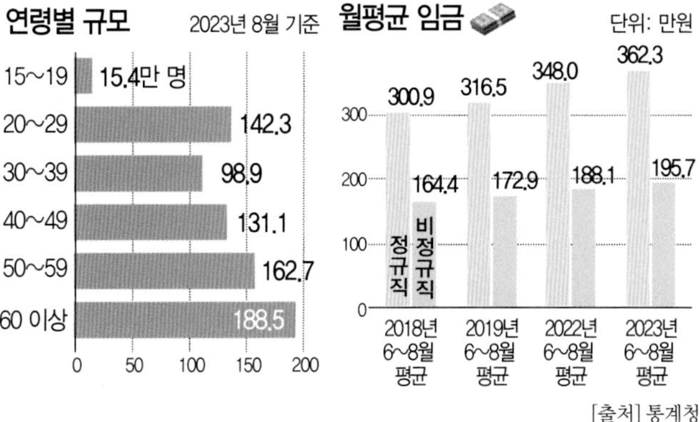

[출처] 통계청

2. 연차휴가

근로기준법상 연차휴가는 근속일수에 따라 달라진다.

	연차휴가일수
1년 미만	11일
1년~2년	15일
3년~4년	16일
5년~6년	17일
(2년마다 1일씩 추가)	
21년 이상	26일

3. 직장 내 성희롱 판단

성폭력은 자기 성적 결정권을 침해하는 모든 신체적, 정신적 폭력으로 성폭행, 성추행, 성희롱을 포함한다. 성폭행은 형법상 강간을 말하며 폭행 또는 협박으로 상대방의 의사에 반해 간음하는 것을 말한다. 성추행은 형법상 강제추행을 뜻하는 것으로 상대의 동의를 얻지 않고 물리적 힘을 이용해 신체 접촉을 하여 상대방에게 불안감과 수치심을 주는 것이다. 성희롱은 이 두 범죄와 달리 직장 내 지위를 이용하거나 업무와 관련하여 근로자에게 성적 언어나 행동 등으로 성적 굴욕감 또는 혐오감을 느끼게 하는 것을 말한다.

성희롱 판단 기준은 크게 네 가지로 나뉜다. 첫째는 육체적 행위이다. 이것은 신체적 접촉 또는 신체 부위를 만지는 것을 의미한다. 둘째는 언어적 행위이다. 음란한 농담을 하거나 외모를 평가하고, 신체 부위를 언급하는 것이 여기에 해당한다. 셋째는 시각적 행위이다. 음란한 사진을 게시하거나 자신의 신체 부위를 노출하는 것을 말한다. 넷째는 기타 성희롱 행위인데 사회 통념상 성적 굴욕감이나 혐오감을 느끼게 하는 것이 여기에 해당한다.

참고자료
고용노동부 https://www.moel.go.kr/
고용보험 https://www.ei.go.kr/
국가법령정보센터 http://www.law.go.kr/

20 범죄와 법

교재 114-117쪽

이 차시의 목표는 사회질서를 유지하면서 개인의 권리를 보장하기 위한 한국의 법적 제도를 이해하는 것이다. 이를 위해 사회질서를 위협하는 범죄 행위와 그에 대한 형벌을 규정한 형법 관련 내용 및 형법이 적용되는 형사재판 과정에 대해 학습한다.

단계		교수학습활동	교수 자료	시간
도입	생각해보기	● **음주운전에 대한 처벌을 소재로 이야기해 보기** 한국에서 음주운전을 하면 어떤 처벌을 받게 되는지 알고 있나요? 자신의 고향 나라에서는 어떻게 처벌하나요? 음주운전을 처벌하는 것은 타당하다고 생각하나요? 이처럼 형벌이 존재하는 이유는 무엇일까요?	(PPT #1-3)	4분
	학습목표	● **학습목표 제시** 1. 범죄와 형벌에 대한 법적 내용을 설명할 수 있다. 2. 인권을 보장하는 형사재판 과정에 대해 설명할 수 있다. ● **이번 차시와 관련된 교재의 단원 확인하기**	(PPT #4)	1분
전개	주제1 (강의)	● **범죄의 종류에 대해 설명하기** 범죄란 무엇일까요? 무임승차나 새치기 등의 행위는 범죄에 해당할까요? 여러분들이 생각하는 심각한 범죄 행위에는 어떤 것이 있나요? 특정범죄가중처벌법이라고 들어본 적 있나요? ● **형벌의 종류에 대해 설명하기** 형벌은 누가 누구를 처벌하는 것일까요? 형벌에는 어떤 종류가 있을까요? 징역이란 무엇을 말하는 것일까요? 재산형은 무엇일까요? 자격형을 받으면 어떤 제한이 생길까요?	(PPT #5-7)	10분
	알아두면 좋아요 1	● **한국의 사형 집행에 대해 알아보기** 한국은 사형제가 있을까요, 없을까요? 실질적 사형폐지국가란 무슨 의미일까요? 한국은 언제 마지막으로 사형 집행을 했을까요?	(PPT #8)	5분
	주제2 (강의)	● **형사재판의 과정 설명하기** 범죄가 발생하면 누가 수사를 할까요? 피의자와 피고인의 차이는 무엇일까요? 법원에 재판을 요청하는 권한은 누가 갖고 있을까요? 재판에서 피고인의 유·무죄와 양형 수준은 누가 결정할까요? ● **형사재판 과정에서 권리 보장에 대해 설명하기** 유죄 판결이 확정되기 전까지 무죄로 추정하는 이유는 무엇일까요? 돈이 없어도 변호인의 도움을 받을 수 있을까요? 고문이나 협박, 폭행을 통한 자백을 인정하면 안 되는 이유는 무엇일까요?	(PPT #9-11)	10분
	알아두면 좋아요 2	● **국선변호인 선정제도 소개하기** 누구나 변호인의 조력을 받을 권리가 있습니다. 하지만 변호인을 선임할 돈이 없는 경우에는 어떻게 하면 좋을까요?	(PPT #12)	5분
정리	정리하기	**주요 내용 정리**	(PPT #13-14)	5분
	이야기 나누기	● **불법체류자 통보의무 면제제도 소개하기** 불법체류자여서 피해를 겪는 사례에는 어떤 것이 있을까요? 불법체류자의 기본적 권리를 보호하기 위해서는 어떤 노력이 필요할까요? ● **다음 차시 예고**	(PPT #15)	10분

학습 내용 정리

01 범죄와 형벌

1 범죄의 종류

1) 경범죄: 일상생활에서 일어날 수 있는 비교적 가벼운 위법 행위. 무임승차, 무전취식, 새치기, 오물방치, 금연장소에서의 흡연 등

2) 강도, 강간 등 피해자에게 큰 신체적, 정신적, 물질적 피해를 주는 심각한 위법 행위는 더 큰 처벌을 받게 됨

3) 특정범죄가중처벌법: 많은 사람들에게 피해를 줄 수 있는 범죄 행위에 대해서는 가중 처벌을 규정하고 있음

2 형벌의 종류

1) 생명형: 생명을 박탈하는 형벌 예) 사형

2) 자유형: 일정 기간 교도소에 갇혀서 신체적 자유를 누리지 못하게 하는 형벌 예) 징역

3) 재산형: 범죄자로부터 일정 재산을 박탈하는 형벌

4) 자격형: 범죄자로부터 명예나 일정한 자격을 박탈하는 형벌

02 형사재판 과정과 법의 역할

1 형사재판 과정

1) 경찰 또는 검찰의 수사 → 검사의 기소 → 형사 재판 → 유·무죄 판결(유죄이면 형 집행)

2) 검사는 피고인의 유죄를 주장하고, 피고인은 변호인의 도움을 받아 자신을 변호함

3) 국민참여재판: 형사재판 중 일반 시민이 배심원으로 참여하는 제도

2 형사재판 과정에서의 권리 보장

1) 무죄 추정의 원칙: 피의자나 피고인은 유죄 판결 확정 전까지는 무죄로 여겨져야 함

2) 영장주의: 체포나 구속, 압수, 수색 등에는 판사의 영장이 있어야 함

3) 변호인의 도움을 받을 권리: 모든 국민은 체포나 구속 시 변호인의 도움을 받을 수 있음

이야기 나누기 예시 답안

불법체류 외국인들이 범죄 등의 피해를 입었을 때 부담 없이 신고할 수 있어서 권리를 보호받을 수 있어요.

본문 용어 해설

교도소 징역 등의 자유형을 선고받은 사람을 수용하여 교정하는 기능을 하는 시설. 한편 구치소는 형사피의자나 피고인을 구금하여 재판이 종결되기 전까지 수용하는 시설로 의미가 다르다. 교도소는 과거 형무소로 불리었으나 교정의 목적에 충실하다는 의미에서 교도소로 이름이 바뀌었다.

피고인 형사 사건에 관하여 형사책임을 져야 할 자로 검사에 의해 공소가 제기된 사람을 뜻한다. 공소가 제기되기 전까지는 피의자라고 불러야 하며, 재판으로 유죄가 확정되기 전까지는 무죄로 추정해야 한다. 참고로 민사 사건에서는 소를 제기한 측을 원고, 소를 제기당한 측을 피고라고 한다.

나도 판사!

다음은 법률 상담 게시판에 올라온 내용입니다. 여러분들이 판사가 되어 판결을 내려주세요.

아이디	질문 내용	나의 판결
배고픈 걸 어떡해	우리 삼촌은 집이 너무 가난해서 제대로 먹지도 못하는 상황이에요. 그래서 빵 하나를 훔친 건데 그것도 죄가 되나요?	
그걸 믿는 게 이상하지	요술콩이라고 했더니 믿고 비싼 값에 사가더라고요. 그걸 믿고 속은 사람이 이상한 거지 돈 받고 판 내가 잘못인가요?	
사랑의 매	너무 말도 안 되는 행동을 해서 어쩔 수 없었어요. 사랑하는 마음에 회초리로 때린 것인데 그것도 안 되나요?	

도움 자료

● **관련 형법 조항(일부 용어 수정)**

제260조 사람의 신체에 대하여 폭행을 가한 자는 2년 이하의 징역, 500만 원 이하의 벌금에 처한다.

제329조 다른 사람의 물건을 훔친 자는 6년 이하의 징역 또는 1천만 원 이하의 벌금에 처한다.

제347조 사람을 속여서 재물을 받거나 재산상의 이익을 얻은 자는 10년 이하의 징역 또는 2천만 원 이하의 벌금에 처한다.

1. 사형제도

앰네스티에 따르면 2022년 집계된 사형 집행 건수는 5년 만의 최고치에 달했다. 이는 2021년에 비해 53% 증가한 수치를 보였다. 2022년 12월 기준 모든 범죄에 대한 사형제 폐지국은 112개국, 일반 범죄에 대해서만 사형제를 폐지한 국가는 9개국이다. 현재 역사상 가장 많은 유엔 회원국이 사형 집행 중단을 바라고 있는 만큼 국제앰네스티는 사형제도가 역사 속으로 사라질 수 있을 것이라고 믿고 있다.

한국의 경우 법무부 자료에 따르면 현재 사형을 선고받고 교정시설에 수감 중인 사형수는 모두 59명이다. 한국은 1997년 12월 30일 사형수 23명의 형을 집행한 뒤 지금까지 사형 집행을 하지 않고 있어 2007년부터 '실질적 사형 폐지 국가'로 분류되고 있다.

몇 차례의 여론조사 결과에 따르면 한국 국민들은 사형 집행에 찬성하는 사람들의 숫자가 조금 더 많은 것으로 나타났다. 리얼미터가 CBS 의뢰로 실시한 조사 결과에서 '사형을 실제로 집행하는 것이 바람직하다'는 응답이 51.7%로 나타나고 있다. 다양한 흉악범죄의 발생으로 인해 국민들의 정서가 사형이 유지되어야 한다고 생각하는 것이다. 과거 1996년과 2010년에 형법에 규정된 사형제도에 대한 헌법소원이 제기된 적이 있는데 이에 대해 헌법재판소는 사형제를 합헌이라고 결정했다. 이러한 상황에도 불구하고 사형이 인간의 존엄성을 침해하고, 실제 효과가 없으며, 잘못된 판결에 대한 구제가 불가능하다는 점에서 사형제도를 반대하는 목소리도 계속해서 나오고 있다.

2. 미란다 원칙

미란다 원칙이란 수사기관이 용의자를 체포할 때 체포의 이유와 변호인의 도움을 받을 수 있는 권리, 진술을 거부할 수 있는 권리 등이 있음을 미리 알려주어야 한다는 원칙이다. 과거 미국의 미란다 대 애리조나 판결에서 유래한 것으로 범죄자로 의심을 받는 사람이라고 하더라도 기본적인 형사 절차에 대한 사실을 알려주고 권리를 보장할 수 있도록 도와야 한다는 생각에 기반하고 있다.

한국에서도 헌법 제 12조 2항에서 '모든 국민은 고문을 받지 아니하며 형사상 자기에게 불리한 진술을 강요당하지 아니한다'고 되어 있다. 또한 형사소송법에는 검사나 사법경찰관이 피의자를 신문하기 전에 미란다 원칙에 해당하는 내용을 알려주어야 한다는 규정이 포함되어 있다.

3. 국선변호인 선정제도

헌법 제12조 4항에는 '누구든지 체포 또는 구속을 당한 때에는 즉시 변호인의 조력을 받을 권리를 가진다. 다만, 형사피고인이 스스로 변호인을 구할 수 없을 때에는 법률이 정하는 바에 의하여 국가가 변호인을 붙인다.'라고 하여 국선변호인에 대한 내용을 담고 있다.

사법연감에 따르면 국선변호인 선정 건수는 계속해서 증가하고 있다. 국선변호인 선정 건수는 2016년 이후로 매년 12만 건 내외를 유지하고 있으며, 전체 형사공판 사건 피고인 중 국선변호인을 선정하는 비율도 약 40% 내외에 해당한다. 2016년 대법원 자료에 따르면 국선변호인을 선정하는 가장 주된 이유는 경제적 문제 때문인 것으로 나타났다.

참고자료
대한민국법원 전자민원센터 https://help.scourt.go.kr/
대검찰청 http://www.spo.go.kr/
경찰청 https://www.police.go.kr/

연구진 설규주 (경인교육대학교 사회과교육과 교수)
정문성 (경인교육대학교 사회과교육과 교수)
김찬기 (한국이민재단 교육국 국장)

집필진 최수진 (한국다문화교육연구원 사회통합프로그램 강사)
정현정 (동국대학교 국제어학원 한국어 강사)
(전 사회통합프로그램 강사)
옹진환 (한국교육과정평가원 부연구위원)
방대광 (고려대학교 사범대학 부속고등학교 교사)
박원진 (초당초등학교 교사)
이바름 (인천지역경제교육센터 책임연구원)

사회통합프로그램[KIIP]

한국사회 이해 교사용 지도서 심화

법무부 사회통합프로그램 지정 교재
법무부 귀화적격시험 활용 교재

초판발행 2020년 12월 11일
2판발행 2024년 8월 20일

기획 · 개발 법무부 출입국 · 외국인정책본부

펴낸이 노 현
펴낸곳 ㈜피와이메이트
서울특별시 금천구 가산디지털2로 53 한라시그마밸리 210호(가산동)
등록 2014.2.12. 제2018－000080호
전화 02)733－6771
팩스 02)736－4818
홈페이지 www.pybook.co.kr
e-mail pys@pybook.co.kr

값 8,000원

ISBN 979－11－86140－33－8
979－11－86140－31－4(set)